Seguir Jesus

Dados Internacionais de Catalogação na Publicação (CIP)
(Câmara Brasileira do Livro, SP, Brasil)

Nouwen, Henri, 1932-1996
Seguir Jesus : encontrar o caminho em tempos de ansiedade / Henri Nouwen ; tradução de Luciana Chagas ; apresentação Richard Rohr. – Petrópolis, RJ : Vozes, 2025.

Título original: Following Jesus.
ISBN 978-85-326-7262-9

1. Ansiedade 2. Espiritualidade – Cristianismo 3. Jesus Cristo – Ensinamentos 4. Prática religiosa (Cristianismo) 5. Vida cristã I. Rohr, Richard. II. Título.

25-279896 CDD-232.954

Índices para catálogo sistemático:

1. Jesus Cristo : Ensinamentos : Cristianismo 232.954

Eliane de Freitas Leite – Bibliotecária – CRB-8/8415

HENRI NOUWEN

Apresentação
de Richard Rohr

Seguir Jesus

Encontrar o caminho em tempos de ansiedade

Tradução de Luciana Chagas

EDITORA
VOZES

Petrópolis

Para mais informações sobre Henri Nouwen, seu trabalho e o trabalho da Henry Nouwen Society, visite www.HenryNowen.org

Publicado em associação com Alive Literary Agency, 7680 Goddard Street, Suite 200, Colorado Springs, CO 80920 www.aliveliterary.com

Tradução do original em inglês intitulado *Following Jesus – Finding Our Way Home in an Age of Anxiety.*

Direitos de publicação em língua portuguesa – Brasil:
2025, Editora Vozes Ltda.
Rua Frei Luís, 100
25689-900Petrópolis, RJ
www.vozes.com.br
Brasil

Diagramação: Victor Mauricio Bello
Revisão gráfica: Michele Guedes Schmid
Capa: Editora Vozes

ISBN 978-85-326-7262-9 (Brasil)
ISBN 978-1-101-90639-2 (Estados Unidos)

Este livro foi composto e impresso pela Editora Vozes Ltda.

Sumário

Nota à edição original

Este livro se baseia em seis reflexões conduzidas por Henri Nouwen na Páscoa de 1985, na Igreja de São Paulo em Cambridge, Massachusetts, nos Estados Unidos. Nouwen atravessava tempos desafiadores. Dois anos antes, depois de um longo e sofrido período de introspecção, ele decidira voltar de uma empreitada missionária no Peru. Sentindo-se isolado e inquieto desde a temporada na América do Sul, continuou enfrentando esses sentimentos ao retornar para o seminário em Harvard, onde assumiu um importante cargo docente. Entretanto, a atmosfera universitária marcada por competitividade e ambição só fez aumentar sua batalha contra a solidão e o desassossego. As reflexões aqui compiladas sobre como viver em tempos de ansiedade se mostram vigorosas porque Henri Nouwen não tratou do assunto em teoria; essa era a realidade dele. A pergunta sobre como seguir Jesus era feita, em primeira instância, pelo próprio Henri. Menos de quatro meses depois, ele abandonou o cargo que ocupava em Harvard e se mudou para Toronto para pastorear a L'Arche Daybreak, que integra uma rede de comunidades criada por Jean Vanier destinada a pessoas com deficiência e por elas conduzida. Ao articular argumentos para expor sua visão sobre o que significa seguir Jesus, Nouwen lançou luz sobre sua própria jornada vocacional.

O conteúdo original das reflexões de Henri Nouwen foi transcrito a partir de fitas cassete cuja qualidade sonora estava prejudicada. Duas outras fontes serviram de apoio para garantir a precisão de suas falas: apontamentos escritos à mão feitos por Nouwen enquanto preparava as meditações que conduziu em Harvard, e fitas cassete com a gravação de uma palestra sobre esse tema realizada em Cork, na Irlanda, no ano seguinte. Todo esse material de consulta é parte do acervo do Arquivo de Pesquisas sobre Henri J. M. Nouwen da Universidade de Toronto.

Quando ouvi as fitas pela primeira vez, senti como se Nouwen estivesse falando diretamente a mim com a fervorosa intenção de que eu me apropriasse do que ele havia descoberto. Procurei preservar esse sentimento e capturar, tanto quanto possível, a experiência que teríamos se você ou eu estivéssemos na plateia ouvindo-o falar.

Tente não julgar se você concorda ou discorda de um ponto ou outro dessas reflexões. Em vez disso, pergunte-se se os assuntos abordados por Nouwen têm alguma relação com as vivências que você teve. Caso a resposta seja afirmativa, pergunte-se como se dá essa relação. Nouwen não pretende ter a última palavra nem deseja vencer uma discussão. Pelo contrário, ele busca ser um canal para que você descubra a si mesmo.

Minha esperança é que as palavras de Nouwen finquem raízes em seu coração e você alcance aquilo de que precisa para tomar o caminho de casa.

Gabrielle Earnshaw, responsável pela edição original
29 de abril de 2019
Toronto, Canadá

Agradecimentos

Foi um privilégio transcrever e editar essas reflexões de Henri Nouwen. As longas horas dedicadas a ouvi-las foram como uma meditação para mim. Sou grata a Karen Pascal e a outros integrantes do Fundo de Legado de Henri Nouwen por me incumbirem de cuidar desta obra tão preciosa e vivificante.

Embora eu tenha trabalhado sozinha o tempo todo, este não foi um projeto solitário. Muita gente contribuiu para que este livro viesse ao mundo.

Em primeiro lugar, quero fazer menção a Jutta Ayer, amiga e ex-aluna de Henri que presenciou as reflexões em 1985. Com sua amabilidade singular, Jutta me auxiliou pessoalmente de maneira muito efetiva, pelo que sou bastante grata.

Outra pessoa fundamental para esse projeto foi Peter Weiskel. Tendo sido assistente de Henri para fins administrativos, Peter também foi seu amigo e editor e trabalhava com Henri à época das reflexões. Ao ler meu texto original, Peter fez intervenções e recomendações consideráveis. Além disso, afirmou que, em meu esforço para garantir a fluência da leitura, eu havia reproduzido a voz de Henri. Celebro o tempo e o esforço a mim dedicados por Peter e considero inestimável sua anuência a esta obra.

Foi maravilhoso trabalhar com a equipe da Convergent. Meu editor, Gary Jansen, confiou em minhas decisões e me deu a liberdade de que eu precisava, não sem intervir nos momentos certos com *insights* brilhantes que aprimoraram este texto. Outros integrantes da equipe da Penguin Random House, incluindo Ashley Hong, Cathy Hennessy, Mark Birkey, Songhee Kim, Jessica Sayward Bright e Sarah Horgan, ajudaram a criar a bela edição original deste livro.

Sally Keefe Cohen e Judith Leckie, junto de Karen Pascal, todas integrantes do comitê editorial do Fundo de Legado de Henri Nouwen, foram torcedoras animadas e leitoras perspicazes desta obra. Com sua eficiência afiada e irreverente, Sally cuidou das autorizações legais. Judith fez uma leitura cuidadosa do primeiro rascunho e das versões seguintes, oferecendo apoio e encorajamento insistentes. Karen forneceu excelentes sugestões, confiança irrestrita e auxílio prático bastante significativo. Sou grata a vocês três.

Ray Glennon, amigo de Nouwen e integrante da Henri Nouwen Society, leu todo o primeiro rascunho e fez comentários muito úteis.

Liesl Joson e Simon Rogers, do Arquivo de Pesquisas sobre Henri J. M. Nouwen da Universidade de Toronto, foram competentes e prestativos diante das perguntas que lhes fiz. Obrigada!

O apoio de Gary Vaughn, da Up Is Loud Productions, foi fundamental para a melhoria da qualidade sonora das fitas cassete. Este livro literalmente não existiria se não fossem o conhecimento e a habilidade de Gary.

Carolyn Whitney-Brown, amiga de Henri e agora minha amiga também, ofereceu suporte e incentivo com sua inteligência e sagacidade típicas.

Meus amigos Catherine Smith, Catherine Manning, Roy Schaeffer, Lindsey Yeskoo, Bridget Ring e Brad Ratzlaff me impulsionaram. Agradeço a Betsy Anderson, Ann Rowland,

Lyn Gaetz, Lynne Brennan, John Olthius e Paula Nieuwstraten, da minha comunidade religiosa, por seu inabalável apoio a este projeto. Individual e coletivamente, esses amigos fizeram toda diferença.

Sou especialmente grata a Laurent Nouwen, irmão de Henri, por promover este livro na Holanda e na Alemanha e por tudo o que faz para estender o legado de Henri em seu país de origem. Laurent me deixou conhecer o amor e a afeição generosos que ele nutre por seu irmão. Muito do que sei sobre quem foi Henri, aprendi com Laurent.

Como sempre, Sue Mosteller, amiga íntima de Henri e sua agente literária, foi incansável em apoiar vivamente este projeto. Sua confiança em mim me motivou sobremaneira.

Quero expressar minha gratidão a Richard Rohr pelo generoso texto de introdução, no qual se refere Henri Nouwen como um dos líderes espirituais que resistirão ao teste do tempo. O reconhecimento vindo desse professor, cuja sabedoria é aclamada por nossa geração, é uma dádiva ao legado de Henri. Cito em particular

Jenna Bourland, assistente de Richard, por auxiliar com questões logísticas.

Devo agradecimentos finais à minha família, incluindo minhas irmãs, Heidi Earnshaw e Christine Earnshaw-Osler, e minha mãe, Marlene Gordon. Don Willms, meu esposo, que me ouve falar de Henri Nouwen há quase vinte anos, merece a dose final de gratidão. Ele escuta, lê, edita e analisa o que produzo, além de me fazer perguntas provocadoras. Don esteve incansavelmente ao meu lado durante todas as etapas da edição deste livro. Muito amor e admiração por você, Don.

Prefácio

Henri Nouwen: meu amigo e professor

Na primeira vez em que ouvi falar de Henri Nouwen, eu ainda estava no seminário, em Ohio; era o final dos anos 1960. Minha mãe me escreveu do Kansas informando que havia um novo padre holandês em nossa paróquia e que adorava frequentar as missas conduzidas por ele. "Por conta do sotaque, é difícil entender o que esse padre diz, mas ele conduz a missa com tanta reverência e devoção!", relatou ela. Por óbvio, naquela época eu não fazia a menor ideia de quem era a pessoa a que minha mãe se referia. Henri era doutorando em Psicologia no Instituto Menninger, perto de nossa casa, na cidade de Topeka. E não demorou muito para que ele entrasse em minha vida.

A partir de meados dos anos 1970, várias vezes discursamos nas mesmas conferências, e logo Henri passou a me visitar frequentemente na Comunidade Nova Jerusalém em Cincinnati, Ohio, onde me contou como era ávido pela vida comunitária e por relacionamentos profundos. Posso dizer que essa era uma necessidade premente para Henri. De tempos em tempos, caminhávamos juntos pelo bairro operário onde ficava a comunidade. Ele sempre me divertia (essa é a melhor definição) com sua curiosidade espiritual infindável, sua extrema vulnerabilidade e seu humilde zelo para com as pessoas.

Henri ansiava por relações realmente sólidas, e acredito que seu verdadeiro dom era relacionar-se com os outros. Ele era capaz de distinguir o autêntico do inautêntico e tinha verdadeiro interesse em curar aqueles a quem faltava autenticidade. E foi exatamente assim que ele serviu entre nós.

Quando me mudei para o Novo México, em 1986, para fundar o Centro de Ação em Contemplação, Henri me enviou uma carinhosa carta de incentivo na qual me encorajou a "não ensinar nada além da contemplação"! Além disso, chegou a recomendar que eu estudasse os escritos de Eknath Easwaran. Isso me mostrou que a fé cristã professada por Henri era sólida demais para que fosse ameaçada por um mentor hindu indiano. Também me revelou que, católico que era, reconhecia a legitimidade dos ensinos contemplativos independentemente de onde se originassem.

Por admirá-lo como a um ancião sábio e piedoso, era comum eu tentar obter amostras grátis de sua direção espiritual. Mas não demorou para que eu percebesse que Henri nunca respondia de fato às minhas perguntas; de algum modo, ele acabou fazendo de mim seu guia espiritual! Eu jamais soube ao certo se isso se devia à humildade da parte dele ou se, inconscientemente, ele almejava por reciprocidade; contudo, concluí que aquilo consistia em uma busca espiritual absolutamente sincera e que Henri valorizava minhas ideias tanto quanto as dele mesmo. Eu sabia que Henri escrevia sobre espiritualidade, mas ele se mostrou, na mesma medida, alguém que busca a espiritualidade e realmente acredita nela, sempre ansiando por mais sabedoria e maior capacidade de amar.

Quando Henri soube que eu começaria a ensinar espiritualidade a homens, escreveu uma mensagem imensamente encorajadora para mim. Além disso, falou da alta demanda por artistas que retratassem cenas capazes de curar as relações entre pais e filhos homens, relações essas tão comumente destruídas. Ele sabia que, em geral, as imagens são capazes de promover processos curativos. Ao menos um iconógrafo, o franciscano Robert Lentz, levou a sério o conselho de Henri e fez um retrato de João, o Amado, no qual se vê o discípulo repousando a cabeça sobre o peito de Jesus. Tendo apreciado muitíssimo o resultado, Henri foi bastante franco comigo e com outras pessoas ao falar da complexa relação que ele tinha com o próprio pai.

Em suma, do meu modesto ponto de vista, estes eram os principais dons de Henri Nouwen: a vulnerabilidade humana e o poder curativo que ele experimentava ao se mostrar obstinadamente honesto. Para muitos de nós, a vida de Henri exemplificou a plenitude da expressão que ele mesmo cunhou: "o curador ferido". Ele amava ser bastante conhecido e, ao mesmo tempo, reconhecia toda a ironia disso. Lembro que me disse com sincero ressentimento: "Meus próprios familiares holandeses não leem meus livros; provavelmente nem saibam que escrevo!"; e então riu de si mesmo por falar uma coisa dessas.

Talvez seja possível afirmar que Henri convidou a sombra humana à mesa das conversas sobre espiritualidade, tal como fizeram Francisco de Assis e Tereza de Lisieux, mas realizou isso com maior sagacidade psicológica. Isso permitiu que ele tivesse tantas ideias realistas acerca dos relacionamentos e da natureza do amor, em particular o amor de Deus. Nós cristãos crescemos acostumados a chamar nossa sombra de "pecado", quem sabe até nos apressando em confessá-la, mas nos mostramos incapazes de aprender com esse eu obscuro. Henri decerto "confessou" seus pecados e faltas a pessoas próximas, mas só o fez depois de conhecer em primeira mão a dor aguda provocada por esses pecados, as características deles, a verdade por trás de cada um e a sabedoria que sempre os acompanha. Ao que parece, era do reconhecimento honesto dessas coisas que nascia em Henri a compaixão pelos outros.

Com tudo isso, e por causa de tudo isso, Henri sobressaiu como um brilhante líder cristão que certamente resistirá ao teste do tempo. E você está prestes a se deleitar com uma obra que transmite parte da sabedoria desse homem, conquistada a tão duras penas.

Se você ainda não é amigo de Henri, logo será.

Frei Richard Rohr, OFM
Centro de Ação e Contemplação
Albuquerque, Novo México

Introdução

Você está seguindo a Jesus? Quero que olhe para si e se faça essa pergunta.

Você é um seguidor de Jesus? Será que eu sou um seguidor dele?

Frequentemente, somos mais andarilhos do que seguidores. Refiro-me tanto a mim quanto a você. Estamos sempre correndo de um lugar para outro, realizamos muitas coisas, encontramos muita gente, participamos de muitos eventos, lemos muitos livros. Estamos muito empenhados. Experimentamos a vida por meio de muitas, muitas coisas. Vamos aqui, vamos acolá, fazemos isto, fazemos aquilo, falamos com aquele e com aquela, temos tais e tais demandas. Às vezes, nós nos perguntamos como é possível dar conta de tudo. Se pararmos para analisar, vamos perceber que quase sempre corremos de uma urgência a outra. Estamos tão ocupados e tão comprometidos! Porém, se nos perguntarem com que nos ocupamos tanto, não saberemos responder ao certo.

O indivíduo que se desloca de uma coisa para outra, sentindo-se como quem apenas passa pela vida em vez de viver, experimenta muito cansaço. Profundo cansaço. E bastante gente enfrenta esse problema.

Na verdade, não se trata exatamente de fazer muitas coisas, mas do fato de nos dedicarmos a elas enquanto nos perguntamos o que mais pode ser feito ao mesmo tempo. Por vezes, é como se participássemos daquela brincadeira em que há inúmeros balões de ar suspensos e, quando soltos, temos de cuidar para que nenhum toque o chão. É cansativo demais. Para ser mais preciso, é extenuante.

Há quem finalmente pare e desista de tudo. Essas pessoas dizem: "Foram cinco anos desse jeito, e, no fim das contas, isso não levou a nada", e então elas decidem se sentar e se manter inertes. Não há o que lhes dê novo entusiasmo, por isso deixam de ter real interesse na vida. Só o que fazem é ver televisão, ler histórias em quadrinhos e dormir à beça. Não existe ritmo, movimento, ímpeto. Às vezes, refugiam-se no álcool, nas drogas ou no sexo, mas nada disso as empolga. Nada lhes serve de estímulo.

— O que você quer fazer?

— Não estou a fim de nada.

— Quer ir ao cinema?

— Não quero nada.

Esse tipo de gente deixou de andar de lá para cá e decidiu ficar parado no mesmo lugar. Essas pessoas também estão cansadas; elas sentem uma fadiga real. Nenhum dos dois grupos – nem o dos que correm de uma coisa a outra, nem o dos inertes – tem um objetivo em vista.

E, em cada um de nós, há um pouco da figura errante e um pouco da figura estagnada. Ao prestar atenção a este mundo, você pode pensar: "Estou tão exausto. Há tanto cansaço, tanta sensação de peso sobre meus ombros. Algumas vezes, parece que corro sem parar; outras, que não saio do lugar". Foi a este mundo exaurido que Deus enviou Jesus, a quem incumbiu de dar voz ao amor. Jesus disse: "Siga-me. Deixe de correr de um lado para outro. Siga-me. Não fique aí parado. Siga-me".

A voz do amor é aquela que consegue nos tirar de uma vida errante ou inerte para uma vida focada em um rumo certo.

"Siga-me."

Pode ser que alguns de nós já tenhamos escutado essa voz; outros, ainda não.

Uma vez que escutamos essa voz nos chamando a seguir, as coisas começam a ocupar seu devido lugar. Em vez de nos movermos em diferentes direções, de repente temos um foco. Sabemos para onde estamos indo. Preocupamo-nos com uma coisa apenas. Subitamente, aquele tédio profundo se esvai porque ouvimos a voz do amor.

Sem foco, não temos ninguém a quem seguir; somos vazios. Sim, vazios! Contudo, quando descobrimos que há uma voz de amor a nos chamar e dizer "Siga-me", tudo fica diferente. A vida, outrora tão insípida, tão entediante, tão exaustiva, toma uma direção, e podemos dizer a nós mesmos: "Agora sei por que estou vivo!"

Este livro foi escrito para ajudar você e eu a ouvir a voz do amor, a voz que sussurra em nosso ouvido: "Siga-me".

Espero ser capaz de nos fazer deixar as andanças incessantes e aderir ao seguimento prazeroso, sair da condição de pessoas entediadas e inertes e nos tornar pessoas entusiasmadas porque ouviram a voz do amor.

Essa voz não é do tipo que se impõe sobre nós à força. É a voz do amor, e o amor não pressiona nem arrasta. O amor é bastante delicado.

O Novo Testamento relata uma bela história na qual um profeta permanece na entrada de uma caverna enquanto o Senhor passa por ali. Ouve-se um trovão, mas o Senhor não está no trovão. Há um terremoto, mas o Senhor não está no terremoto. Há fogo, mas o Senhor não está no fogo. Então sobrevém uma voz baixa e suave, e o Senhor está nessa voz (cf. 1Rs 19,11-13).

Embora seja muito terna, talvez quase sussurrante ou mesmo silenciosa, a voz do amor já está em você. É possível que você já a tenha escutado.

Procure ouvir essa voz. Aquiete-se e passe algum tempo buscando discerni-la.

Ouça. Ela diz: "Eu te amo" e chama você pelo nome. "Venha. Venha. Siga-me."

Senhor querido,

Fica comigo hoje. Atenta à minha confusão e me ajuda a saber como enfrentá-la. Não sei quais palavras devo usar nem qual caminho devo seguir. Mostra-me o caminho. És um Deus de ternura; ajuda-me a ouvir tua voz neste mundo ruidoso. Quero estar contigo, pois sei que és paz e alegria. Ajuda-me ser uma pessoa paciente e alegre, pois esses são os frutos daqueles que vivem na tua companhia. Leva-me para perto de ti, querido Deus.

Amém!

1

O convite: "Vinde e vede"

No dia seguinte, João estava lá de novo com dois dos seus discípulos. Fixou o olhar em Jesus que passava, e disse: "Eis o Cordeiro de Deus". Os dois discípulos ouviram isto e seguiram Jesus. Então Jesus voltou-se para eles e, vendo que o seguiam, perguntou-lhes: "A quem procurais?" Responderam-lhe: "Rabi – que quer dizer Mestre – onde moras?" Ele disse: "Vinde e vede". Eles foram, viram onde morava e ficaram com ele aquele dia. Eram quase quatro horas da tarde (Jo 1,35-39).

Imagine-se nessa história por um instante. Suponha que você esteja com João Batista, um homem robusto. Imagine-o trajando pelo de camelo. João Batista é diferente das outras pessoas e, com voz severa, diz: "Arrependam-se! Arrependam-se! Vocês são pecadores! Arrependam-se, arrependam-se, arrependam-se!"

As pessoas estão lá, ouvindo-o bradar. De alguma forma, elas sabem que lhes falta algo na vida, sentem-se exaustas, ocupadas com muitas coisas, ou então estão inertes e não têm nenhuma perspectiva de que sua condição mude.

Essas pessoas se dirigem até o homem esquisito, um tanto selvagem, e o ouvem. João Batista está acompanhado de João Evangelista e André, dois de seus discípulos. Certo dia, enquanto Jesus passa por ali, João Batista olha cuidadosamente para ele e afirma: "Eis o Cordeiro de Deus que tira o pecado do mundo".

João Batista sabia que vivia em meio a um povo pecador que precisava se arrepender, mas também sabia que não era capaz de tirar o pecado desse povo, pois é impossível a um humano tirar os pecados de alguém. Ele clamava: "Arrependam-se, arrependam-se, arrependam-se!" Mas, quando Jesus passou por perto, João Batista o observou com atenção e disse a João Evangelista e André: “Vejam, aquele é o Cordeiro de Deus que tira o pecado do mundo. Ele é o servo de Deus e veio para sofrer. Foi enviado para se tornar em sacrifício, o Cordeiro de Deus, e assim possa tirar os pecados de vocês”.

Tão somente permaneça nessa cena.

Apenas se mantenha na companhia de João Evangelista e André, ansiosos para dar início a uma nova vida, com um novo foco, um novo começo, um novo coração e uma nova alma. Aqueles dois jovens começam a seguir Jesus, que, percebendo isso, vira-se para eles e diz: “O que querem?” Sabe o que os jovens respondem? Acha que eles dizem “Senhor, queremos ser seus discípulos”, “Senhor, queremos fazer sua vontade”, “Senhor, desejamos que você tire o nosso pecado”? Nada disso! Eles perguntam: “Onde você mora?”

Exatamente nesse ponto, bem no início da história, deparamos com um tipo de questionamento muito importante: “Onde você mora? Onde fica sua casa? Para onde você vai? Como é estar perto de você?”

Jesus responde: “Venham e vejam”.

Ele não diz: “Adentrem o meu mundo”, “Venham, vou transformar vocês”, “Tornem-se meus discípulos”, “Ouçam o que eu digo”, “Façam o que eu ordenar”, “Cada um tome sua cruz”. Não. Ele diz: “Venham e vejam. Olhem ao redor de vocês. Procurem me conhecer”. Esse é o convite.

Aqueles jovens ficaram com Jesus. Foram e viram onde ele vivia; permaneceram com ele pelo restante do dia. O evangelho de João relata que era por volta das quatro da tarde.

Jesus convidou os rapazes, então se aproximaram e ficaram junto dele. Mostraram-se dispostos a ir até a casa de Jesus e ali perceberam que era um homem bem diferente de João Batista, o qual era conhecido por advertir: “Arrependam-se, arrependam-se, arrependam-se! Já é hora!” Em vez disso, Jesus falou: “Venham e vejam onde eu moro”.

Eles viram Jesus, o Cordeiro de Deus, o servo humilde. Pobre, gentil, terno, pacificador, puro de coração. Eles o viram. Já naquela ocasião, eles viram o Cordeiro de Deus.

Há ternura nisso. Há gentileza e humildade.

"Venham e vejam."

Aqueles jovens permaneceram com ele pelo restante do dia.

Jesus os convidou a tão somente observar.

Preste atenção. Olhe com o coração para a história que você acabou de ler.

Somos convidados

Jesus convida a entrar na Casa de Deus, no lugar onde Deus habita.

Não se trata de um convite em que há exigências rigorosas. É a história do Cordeiro de Deus dizendo a nós: "Venham. Venham para a minha casa. Observem. Não tenham medo". Muito antes do chamado radical para que deixemos tudo para trás, Jesus diz: "Venham, prestem atenção ao lugar onde vivo".

Jesus é um anfitrião que deseja nos ter por perto. Ele é o Bom Pastor do Antigo Testamento, alguém que convida seu povo à mesa na qual o cálice da vida transborda.

Essa imagem de Deus nos convidando à sua casa ocorre por toda a Escritura.

O Senhor é a minha casa, meu esconderijo, meu abrigo.

O Senhor é meu refúgio, minha tenda, meu templo. O Senhor é minha habitação. Ele é minha morada. O Senhor é o lugar onde quero permanecer todos os dias da minha vida.

Deus almeja ser nossa residência, nossa morada. Ele quer ser tudo o que nos faz sentir em casa. É como uma ave que nos abraça sob suas asas, como a mulher que nos acolhe em seu ventre. É a Mãe Eterna, o Anfitrião Afetuoso, o Pai Zeloso, o Bom Provedor que nos convida a estar em sua companhia.

Há uma sensação de estar em segurança, de que estar ali é bom. Neste mundo perigoso, cheio de violência, caos e destruição, há um lugar onde desejamos estar. Estamos interessados em habitar a Casa de Deus para ali nos sentirmos seguros, acolhidos, amados e cuidados. Em coro com o salmista, dizemos: "Em que outro lugar meu coração deseja estar senão na Casa do Senhor?" (cf. Sl 27 e Sl 84).

E a palavra "casa" segue ganhando relevância. Jesus diz "Na casa de meu Pai há muitas moradas. Se não fosse assim, eu vos teria dito, pois eu vou preparar-vos um lugar" (Jo 14,2). Jesus nos fala de uma grande casa, uma mansão, onde seremos servidos de um banquete; ali o cálice transborda e a vida é plena de imensa celebração.

O evangelho de João se inicia com a incrível descrição de uma casa. "No princípio era a Palavra e a Palavra estava com Deus, e a Palavra era Deus. No princípio ela estava com Deus. Todas as coisas foram feitas por meio dela e sem ela nada se fez do que foi feito. [...] E a Palavra se fez carne e habitou entre nós" (Jo 1,1-3;14). Aqui, "casa" tem a ver com encarnação. Se você ler esse evangelho, perceberá o modo como Jesus fala: "Fiz morada em você para que você faça morada em mim" (cf. Jo 15,4-8). Essa ideia da Casa de Deus se intensifica cada vez mais. De repente, todas essas imagens se fundem e nos damos conta de que somos habitação de Deus, de que somos convidados a morar justamente onde Deus estabeleceu sua morada. Percebemos que, bem aqui onde estamos, exatamente neste corpo, com este rosto, estas mãos e este coração, somos o lugar onde Deus pode habitar.

Preste bastante atenção: Jesus quer que você e eu tomemos parte na intimidade da família de Deus. "Como o Pai me amou, assim eu também vos amei" (Jo 15,9). Jesus diz: "Vocês não são mais escravos, nem estrangeiros, nem marginalizados. Vocês são amigos porque tudo o que ouvi de meu Pai é de vocês também. Vocês podem fazer tudo o que faço e até coisas ainda maiores. Eu não sou o maioral, e vocês não são a ralé. Não. Tudo o que faço vocês também podem fazer" (cf. Jo 15,15-16).

A íntima relação entre o Pai e o Filho tem um nome: Espírito Santo. "Quero que vocês tenham o meu Espírito". A palavra "espírito" significa "sopro" e vem do grego antigo *pneuma*. "Quero que vocês tenham meu fôlego, minha respiração. Quero que vocês compartilhem daquilo que me é mais íntimo para que o relacionamento entre vocês e Deus seja igual ao que existe entre mim e ele. Esse relacionamento é divino".

Ter uma vida espiritual consiste em ser parte da família de Deus.

Quando dizemos "Afirmo isso em nome de Jesus" ou "Em nome de Jesus, faço tal coisa", o que de fato estamos dizendo é "Afirmo/Faço isso a partir do lugar onde Deus está". Hoje, muitas pessoas acreditam que fazer algo em nome de Jesus significa fazê-lo no lugar de Jesus, como se fôssemos representantes dele. Mas não é bem assim. Falar em nome de Jesus é habitar nesse nome e agir estando nele; significa que o nome de Jesus é o lugar onde moramos. "Onde você está?" "Estou no nome de Jesus e nele habito; esse lugar é minha morada". Uma vez que habitamos o nome de Jesus, podemos ir a qualquer lugar no mundo sem jamais deixar nosso lar.

Fora desse lugar, isto é, fora do coração de Jesus, nossas palavras e pensamentos se reduzem a nada. O que quer que você faça, nunca saia desse lugar, porque somente nele você está em Deus. Somente esse lugar é fonte de salvação, e salvação é algo que viemos promover neste mundo.

O convite é "Venham e vejam o lugar onde Deus habita". De início, pensamos que se trata apenas da casa de Deus, do local onde ele mora; mas, em seu evangelho, João nos mostra que Deus habita na vida íntima dele mesmo – Pai,

Filho e Espírito Santo, os quais constituem uma família de amor à qual somos convidados. Seguir Jesus é a maneira como entramos nessa família.

Não precisamos seguir Jesus de imediato. Primeiro, há um convite: "Venham, venham. Venham e vejam".

Como responder ao convite?

Ouça

Respondemos ao convite ao ouvir as pessoas, como fazia João Batista. Se João Batista não tivesse dito "Vejam! Eis o Cordeiro de Deus", João Evangelista e André talvez não percebessem Jesus. O evangelho joanino mostra que devemos escutar quem aponta para Jesus, pois não somos capazes de encontrá-lo por conta própria.

A pessoa pode não ser interessante, não ter nenhum atrativo ou não parecer conveniente. Quem aponta para Jesus pode causar pânico no mal que se instalou em nós por causa de nossos preconceitos. Podemos desprezar essa pessoa e dizer: "Olha só como ela se veste!", "Não me importo com esse tipo de gente que fica falando sobre Jesus".

Minha intenção é que você perceba nossa necessidade de ouvir essas pessoas mesmo que não nos sintamos confortáveis na presença delas. Talvez sejam muito pobres. Ou muito ricas. Talvez tenham um sotaque estranho ou se expressem em outra língua. De um jeito ou de outro, sempre encontramos um motivo para alegar "Ah, essa gente tem que procurar mais o que fazer".

Ainda assim, "essa gente" aponta para Jesus.

Precisamos ouvir aqueles a quem não é fácil ouvir. Pode ser que uma mulher ou um homem muito simples lhe diga: "Você ama Jesus?", e então você responda: "Ah, deixa disso!"

Ouça.

Fique atento.

Pode ocorrer de um homem bastante poderoso, quiçá o próprio Papa, falar de Jesus e você replicar: "Bem, isso é muito fácil para quem mora no Vaticano, cercado de tudo aquilo". Não importa: ouça!

Pode acontecer de alguém bastante excêntrico, que não segue as convenções sociais, chamá-lo a "seguir Jesus". Quando isso acontecer, cuide de levar essa pessoa muito a sério.

"Vejam! Vejam o Cordeiro de Deus!"

Podemos nos valer de mil argumentos para não olhar nem ouvir. Mas devemos ter muita cautela.

Ouça.

Do contrário, é possível que você nunca encontre Jesus. Quem aponta para Jesus aponta na direção dele, não de si. Considere isso com seriedade.

O Antigo Testamento nos conta que Samuel estava dormindo no templo quando o Senhor lhe disse: "Samuel, Samuel!" O rapaz então foi até o sacerdote Eli e relatou: "Escutei uma voz". Inicialmente, Eli respondeu: "Volte para a cama e durma". Por fim, o sacerdote percebeu que Deus estava chamando o moço: "Deus está falando com você". Tempos depois, quando tornou a ouvir a voz, Samuel respondeu "Aqui estou, Senhor. Fala, que teu servo escuta" (1Sm 3,1-9). Não fosse por Eli, Samuel não reconheceria que Deus falava com ele. Não fosse por João Batista, André e João Evangelista não teriam olhado para Jesus. Devemos ouvir as pessoas com quem convivemos, mesmo aquelas que estão arruinadas, e levá-las muito a sério.

Pergunte

Depois de ouvir, devemos perguntar.

João Evangelista e André perguntaram: "Onde você mora?" Se desejamos seguir Jesus, é muito importante que *realmente* queiramos saber quem ele é.

"Senhor, onde fica tua casa? Queremos estar contigo. Queremos ter uma noção de quem Tu és."

Você e eu precisamos fazer perguntas como essas.

Continue perguntando.

"Senhor, como é conviver contigo? Acho que quero te seguir, mas não tenho tanta certeza quanto a isso."

Continue perguntando.

"Já vi pessoas fazendo coisas que não aprecio nem um pouco. Senhor, mostra-me quem Tu és, para que eu te conheça em primeira mão. Mostra-me. Onde moras?"

É assim que começam as nossas orações. Elas têm início quando dizemos: "Senhor, deixa-me saber quem Tu és. Há quem diga algumas coisas a teu respeito e há quem diga outras, mas quero ter minha própria percepção de quem és de verdade".

Não tenha medo de perguntar.

Jesus diz: "Já não vos chamo escravos. [...] Eu vos chamo amigos porque vos dei a conhecer tudo [...]" (João 15,15). Devemos orar por essa intenção. Ore: "Senhor, só quero conhecer a ti. Faz-me saber quem Tu és para que eu fale de ti por experiência própria". Pense nas palavras de João Evangelista: "[...] o que ouvimos, o que vimos com os nossos olhos, o que contemplamos e o que as nossas mãos apalparam [...]" (1João 1,1). É isto o que desejo para você e para mim: que queiramos falar do que vimos e ouvimos.

Permaneça

A terceira maneira de responder ao convite é permanecer. João Evangelista e André ficaram com Jesus até as quatro da tarde. Devemos permanecer com Jesus, ousar tão somente ficar na companhia dele. Aquiete-se, acalme-se; apenas permaneça ali. No evangelho de João, Jesus afirma: "Quero ficar com você e ser seu amigo. Você não é um servo, é parte da minha família. Venha me visitar. Fique aqui e passe um tempo comigo. Permaneça na minha presença".

Para seguir Jesus, você precisa estar disposto a dizer: "Vou passar esta próxima meia hora contigo, Jesus. Sei que vou me distrair. Sei que me ocorrerão centenas de pensamentos e um milhão de coisas para fazer. Mas também sei que Tu me amas e me convidas a estar contigo, mesmo quando estou impaciente e ansioso. Estou decidido a permanecer".

Fique com ele e ouça. Ouça aquele que o convida. Aquiete-se. Como o filho que fica em casa na companhia da mãe e do pai, apenas permaneça. Aprecie, esteja presente. Será que é possível fazer isso meia horinha por dia? Fique. Mantenha-se ali sem fazer nada. Passe um tempo com Jesus. É isso que se faz quando se ama alguém. O amor sempre deseja estar na companhia do amado. Você deseja estar ali. Aproveite. “É tão bom estar aqui contigo, Jesus” (cf. Marcos 9,5).

Pouco a pouco, descobrimos que estamos construindo um lar no Senhor e que ocupamos a casa dele não só naquela meia horinha, mas durante todo o dia. Estamos sempre na Casa do Senhor. Habitamos a morada dele onde quer que estejamos, o que quer que façamos. Já estamos em casa.

Mesmo quando estamos a caminho de casa, já estamos em casa.

Não diga: “Estou muito ocupado” ou “Tenho coisa melhor a fazer”. Apenas fique ali. Diariamente. Ore e descubra que é possível viver neste mundo hostil e competitivo e, ainda assim, estar em casa.

Ouça, pergunte, permaneça e, então, você crescerá cada vez mais em Jesus.

Seguir Jesus é diferente de seguir uma pessoa famosa ou aderir a um movimento.

O que quero dizer com isso?

Muita gente é “empurrada” na direção de coisas ou pessoas, atraídas ou arrastadas para dentro delas. A devoção a heróis e heroínas consiste exatamente nisso. Ficamos fascinados por cantores e por estrelas de cinema. Essas pessoas têm o poder de nos seduzir e nos levar para outra dimensão; em certo sentido, somos passivamente cooptados por elas. Isso não é seguir, mas há quem pense que sim – como quando alguém segue um herói popular – contudo, não é desse tipo de seguimento que Jesus fala.

O que faz de nós seguidores tampouco consiste em sermos atraídos por movimentos, a despeito de quão virtuosos sejam. Com frequência, as pessoas me perguntam: "O que tem despertado seu interesse? Você tem se inteirado sobre aconselhamento mútuo, terapia do grito, psicossíntese, percepção extrassensorial, análise intelectual? A quais dessas abordagens você tem se dedicado?" Nós aprendemos com esses movimentos e somos atraídos por eles, mas o Evangelho fala de algo completamente distinto.

Em essência, traçar uma jornada espiritual difere de ser incitado à devoção a heróis e de ser atraído para um movimento idôneo.

Existe todo tipo de movimento capaz de chamar nossa atenção: terapêutico, de cura, e assim por diante. Eu mesmo já participei de muitos deles. Mas algo bem característico dessas formas de seguimento é que, em geral, elas são voltadas ao "eu". Caso seja impelido a algum tipo de devoção a um herói, você acabará se percebendo interessado em substituir seu próprio eu. Conversei com alguns amigos que foram a um show dos Beatles há alguns anos e eles me contaram como foi fácil perder a própria identidade e assumir a dos rapazes de Liverpool. Esses meus amigos foram arrastados, deixaram de ser quem são e assumiram uma identidade substituta. De certa maneira, eles se misturaram à música e à essência da banda. Quando nos unimos a tais movimentos, costumamos estar à procura de algum tipo de harmonia interior, uma solução que cure algo dolorido em nós; temos a esperança de que isto ou aquilo nos propicie equilíbrio emocional ou renove nossa integridade.

Entretanto, quando Jesus diz "Siga-me", ocorre algo bem diferente. Experimentamos um jeito novo de seguir porque se trata de um chamado para deixarmos nosso eu e nos dirigirmos a Deus. É uma convocação para que demos abertura a Deus e o acolhamos no centro de nosso ser. É uma disposição para desapegarmos do "eu" e do "meu" e, gradualmente, professarmos: "Deus, Tu és único".

Não consiste em uma espécie de busca pelo eu, mas de esvaziar-se, de abandonar o eu para dar lugar a um novo jeito de ser que vem de Deus. A vida de Jesus foi um abandonar-se cada vez mais intenso de modo que Deus pudesse ocupar por completo o centro de seu ser. A crucificação nada mais é do que isso. Quando diz: "Siga-me", Jesus está dizendo: "Saia do lugar do eu. Deixe pai, mãe, irmão, irmã, casa, bens familiares. Deixe a dimensão do 'meu' - minha mãe, meus irmãos, minhas posses, meu mundo - e siga-me".

Jesus recomenda: "Deixe". Abandone tudo a fim de que Deus ocupe o centro.

Somos convidados a deixar a zona de conforto e ir ao encontro de Deus. Somos convidados a encontrar Deus e a confiar que, estando nele, descobriremos quem de fato somos. O foco não é no eu, mas no Senhor.

Seguir Jesus é concentrar-se naquele que nos chama e confiar cada vez mais que podemos abandonar o mundo com o qual estamos tão familiarizados, pois algo novo virá.

Nós nos tornaremos pessoas novas e receberemos um novo nome!

Abrão respondeu ao chamado de Deus e se tornou Abraão. Saulo seguiu a Jesus e se tornou Paulo. Simão seguiu a Jesus e se tornou Pedro. Pedro abandonou o mundo que conhecia e entrou no mundo divino, reconhecendo, assim, quem de fato era em Deus.

Qual é o seu nome? Qual é o meu?

> Senhor Jesus,
>
> Ajuda-me a me desvencilhar de todas as preocupações que me acometem.
>
> Tira todo medo que me ameaça com voz enfurecida. Remove todos estes meus sentimentos de insegurança e baixa autoestima e molda meu ser, ó Cordeiro de Deus.
>
> Ajuda-me a penetrar teu silêncio até o lugar em que eu possa ouvir tua voz me chamar. Que eu encontre força e coragem para te seguir. Peço que fiques comigo enquanto ouço tuas palavras e que eu entenda totalmente o mistério de ser chamado a seguir teus passos.
>
> Fica comigo agora e sempre.
>
> Amém!

2

O chamado: "Vinde comigo"

E aconteceu que a multidão se comprimia em volta de Jesus para ouvir a palavra de Deus. Ele estava junto ao Lago de Genesaré. Viu dois barcos à beira do lago; os pescadores haviam desembarcado e lavavam as redes. Entrou, então, num dos barcos, que era de Simão, e pediu que se afastasse um pouco da terra. Sentado no barco, ensinava às multidões. Assim que acabou de falar, disse a Simão: "Faze-te ao largo e lançai as redes para a pesca! Simão disse: "Mestre, estivemos trabalhando a noite toda e nada pescamos, mas sob tua palavra lançarei as redes. Lançadas as

redes, apanharam grande quantidade de peixes, tanto que as redes se rompiam. Fizeram sinal aos companheiros do outro barco para virem ajudá-los. Eles vieram e encheram os dois barcos, a ponto de quase irem a pique.
À vista disso, Simão Pedro prostrou-se aos pés de Jesus e disse: "Senhor, afasta-te de mim que sou um homem pecador". Pois tanto ele como os companheiros ficaram tomados de espanto com a pesca que tinham feito. O mesmo acontecia com Tiago e João filhos de Zebedeu, sócios de Simão. Mas Jesus disse a Simão: "Não tenhas medo! De agora em diante serás pescador de gente". Atracando em terra os barcos, eles deixaram tudo e o seguiram (Lc 5,1-11).

Esse é um relato de como Jesus convocou os primeiros discípulos. Jesus está falando com o povo. Há tanta gente que ele não consegue avistar todo mundo; por isso, pede para sentar-se num barco e, assim, a certa distância, poder ver a todos e ser visto por todos.

Imagine Jesus no barco. Visualize as margens do lago tomadas de gente. Ali, no meio da multidão, você ouve Jesus pregar.

E sobre o que Jesus fala? Como em muitas outras ocasiões, ele está pregando sobre o Reino e sobre um jeito totalmente novo de ser. Está se referindo ao Reino, no qual os pobres são bem-aventurados, assim como os mansos, os que choram, os pacificadores, os que têm fome e sede de justiça, os perseguidos, os puros de coração (cf. Mt 5,3-11).

O Reino é o lugar onde se invertem todas as coisas. Aqueles que são marginalizados, considerados indignos de respeito, são subitamente anunciados como convidados a ocupar esse lugar. Nossa porção fragilizada, desolada ou desfavorecida de repente se torna o local onde algo novo pode surgir. Jesus diz: "Reconheça sua desolação. Reconheça sua pecaminosidade. Volte-se para Deus, pois o Reino está bem perto. Se você se dispuser a ouvir a partir da devastação que o acomete, então algo novo pode surgir em sua vida".

Uma vez concluído o sermão, as pessoas se dedicam ao que lhes é costumeiro. Elas dizem:

"Agora vamos embora e retomar nossas tarefas. É o que sabemos fazer. Queremos continuar de onde paramos". Mas Jesus orienta: "Lancem suas redes para a pesca!"

Jesus não volta para sua vida cotidiana usual, em que tudo continua como era antes do sermão. Muito objetivamente, ele quer se deslocar do jeito velho de viver para um novo modo de vida. Mas os discípulos seguem conversando como antes, da mesma forma como conversamos hoje.

Primeiro, eles dizem: "Escute aqui, Jesus, você não é pescador e não sabe pescar. Você é pregador. Passamos a noite toda pescando porque nesse período os peixes ficam mais próximos da superfície do que durante o dia. Portanto, se não pescamos nada na madrugada inteira, não é debaixo de plena luz do sol que vamos conseguir alguma coisa. Não faz o menor sentido tentar de novo. Será que você não confia em nós?" E então cedem relutantes: "Bem, se você está dizendo, ok. Vamos lá!"

Os discípulos respondem conforme o senso comum, como os vemos fazer o tempo todo.

Pense na história dos pães e dos peixes. Cinco pães, dois peixes. Jesus instrui os discípulos: "Distribuam esses cinco pães e esses dois peixes entre a multidão", ao que eles respondem: "Você não sabe contar! Cinco pães e dois peixes não são suficientes para alimentar todo mundo!". Jesus insiste: "Alimentem o povo" (cf. Mc 6,38-39; Mt 14,17-19).

Jesus aconselha: "Lancem suas redes". Os discípulos seguem o conselho e conseguem pescar! O interessante é que eles não capturam a quantidade de peixes de que precisam; de fato, pescam tanto que ficam até constrangidos. A mesma coisa acontece com os pães: Jesus não recomenda ao povo que pegue só um pedacinho. Pelo contrário, quando todos terminam de comer, os discípulos não sabem o que fazer com tanta sobra. No caso da pescaria, eles sentem vergonha ao ver seus barcos carregados; afinal, não precisam de tanto! Uma pesca normal já os deixaria satisfeitos.

Mas é justamente com a lógica humana que Jesus rompe; ela é algo que não desperta nele nenhum interesse. Jesus direciona toda a realidade para o Reino. De uma hora para outra, os discípulos passam para uma lógica diferente da mundana: eles migram para a "falta de lógica" de Deus. Na verdade, estão para além da lógica, visto que agora ocupam um mundo completamente novo. Quando enfim entende isso, Pedro diz: "Senhor, eu estava errado. Você sabe pescar, sim. Sou mesmo um pecador!" Há muita beleza nessa resposta de Pedro, pois ele reconhece sua desconfiança. Ele tinha escutado o Senhor falar sobre o Reino, sobre uma nova ordem para o mundo, mas demorou para perceber que, de fato, não tinha ouvido nada, não tinha dedicado atenção àquilo. Pedro não tinha levado a sério o que Jesus dissera. Porém, quando sua lógica é rompida pelo Senhor, Pedro afirma: "Sou um homem pecador. Não me dispus a dar uma chance a você. Interessado em terminar meu trabalho, continuei fazendo as coisas do meu jeito, conforme eu achava melhor".

Estando no Reino, naquela nova realidade, Pedro compreende que, até ali, tinha investido apenas em si mesmo. "Sou eu quem quer conseguir alguns peixes. Foi por isso que fiquei fora de casa a noite toda." Ele se dá conta de que tudo o que vem fazendo é por interesse próprio.

Pedro não é o único que age assim. Os discípulos estão o tempo todo escutando as histórias de Jesus sob a ótica do poder, do velho mundo. Isso está exposto em todos os evangelhos.

"Você vai finalmente expulsar os romanos e assumir o poder por aqui?"

"Você vai dar um jeito neste caos?"

Jesus rompe com isso e abre caminho para um mundo inteiramente novo. Ele diz: "Sigam-me sem medo. Vou fazer de vocês pescadores de homens. Vou mostrar-lhes um jeito completamente novo de ser e de viver" (cf. Mc 1,17).

Eles deixam tudo para trás e seguem a Jesus.

Na vida, somos apegados à nossa própria lógica. Jesus quer rompê-la e abrir caminho para uma nova forma de existir. Receamos concordar com isso porque, se o fizermos, não teremos mais controle de nada. Quando Jesus ocupa o cerne de quem somos, não podemos controlar nosso futuro.

Devemos confiar numa orientação que nos é dada num idioma que não dominamos.

Jesus usa palavras como "sopro", "vida", "morte" e "verdade", mas atribui a elas significados novos. Incapazes de entender isso, os discípulos ficam confusos. Somente muito tempo depois, quando o Espírito vem, é que o real sentido dessas palavras se torna compreensível.

Somos chamados

Jesus nos chama para abandonar o mundo da escassez e as ideias de insuficiência e seguir rumo a um mundo de abundância e ideias de fartura. Os discípulos enxergavam as coisas sob a ótica da escassez, do mesmo modo que nós. Acreditamos que não há o bastante para todo mundo e que, por isso, devemos ser rigorosos com o que temos. Vivemos tomados pelo receio. Somos medrosos, e esse medo nos assola das mais diversas maneiras.

Temos receios relacionados a nós mesmos, bem como aos outros e a Deus. O medo permeia toda a nossa vida, fazendo-nos pensar sempre no que falta: "Este mundo é perigoso; como vou conseguir sobreviver? Não existe o bastante para todo mundo. Não há comida suficiente. Não há conhecimento suficiente. Não há ternura suficiente. Quero viver! Quero ter a certeza de que estou vivo! Quero me manter vivo!" Esse é um tipo de reação bastante corriqueiro entre nós.

Quando estamos preocupados com a possibilidade de não haver o suficiente, nossa primeira reação é começar a acumular. Acumulamos pão e peixe. Acumulamos prestígio, afetos, conhecimento. Acumulamos ideias.

E, ao fazer isso, deparamos com inimigos.

Sempre há quem diga: "Você tem muito mais que eu". Pode ser que você responda: "Sei disso, mas preciso guardar para alguma emergência". Então o outro replica: "Só que eu preciso agora. Estou com fome agora. Quero este conhecimento agora. Desejo construir tal coisa agora".

Ao viver sob a perspectiva da escassez, nós nos deparamos com inimigos que almejam tomar para si parte daquilo que acumulamos. Ficamos cada vez mais amedrontados, pois, quanto mais temos, mais os outros querem obter do que nos sobra. Quanto mais nos sobra, mais construímos muros ao redor do que juntamos.

Quanto mais altos esses muros ficam, mais receamos os inimigos que acreditamos existir do lado de fora. Começamos a fabricar bombas para nos proteger de nossos oponentes imaginários e ficamos temerosos de que, em retaliação, eles também fabriquem suas bombas. Percebemo-nos confinados em uma prisão que nós mesmos construímos, motivados pelo medo resultante da mania de escassez, da ideia de que não temos o bastante.

Pense nisto: qual é o seu nível de apego às coisas? Por exemplo, pense em quanto você está apegado a um relacionamento: "Não vou convidar este meu amigo porque as pessoas vão gostar mais dele do que de mim, e não quero ficar isolado". Você está apegado a esse amigo e não consegue soltá-lo.

A perspectiva da escassez é bastante evidenciada nos evangelhos. Jesus diz que Deus é um Deus de abundância e, sempre que Deus aparece em algum lugar, ali passa a haver vida; ou melhor, mais do que isso, vida abundante.

Jesus vem para trazer vida, e vida em abundância. Ele oferece muito mais do que jamais seríamos capazes de pedir. Jesus sempre nos entrega algo para além de nossas expectativas. O fato de ele nos fazer promessas constantes é uma realidade que não damos conta de apreender. Jesus fala em vida eterna, verdade, luz e vida.

Os milagres de Jesus são sinais de uma nova realidade. Ele diz: "Você se lembra de quanto pão sobrou? Ainda assim, você não acredita em mim?" Quase em desespero, ele questiona: "O que preciso fazer para você acreditar que sou confiável? O que posso fazer para você acreditar que, em minha companhia, não sentirá falta de nada?" Nem mesmo depois da ressurreição, os discípulos compreendem essa nova realidade. Pedro decide: "Vamos voltar a pescar. O Senhor já se foi. Está tudo acabado". Eles retornam à pescaria e, de repente, na margem do lago, avistam uma figura que lhes pergunta: "Pegaram alguma coisa?" Respondem: "Não". "Lancem as redes novamente, agora do lado direito do barco". Fazem isso e conseguem pegar toda aquela quantidade de peixes. João se vira na direção de Pedro e reconhece: "É o Senhor". Pedro, então, se joga na água e vai ao encontro de Jesus (Jo 21,7).

Os discípulos finalmente percebem que o Senhor nos oferece além do que conseguimos dar conta. E, ainda que eles não compreendam isso por completo, as evidências são tão poderosas que, ao final, eles deixam suas redes de lado e seguem a Jesus.

O convite para seguir Jesus, como descrito nos evangelhos, é antes de tudo um convite para seguir o Senhor da abundância. Somos chamados a segui-lo mesmo que não sejamos capazes de assimilar toda a grandeza dessa generosidade divina.

Espero que você compreenda o que digo. O medo é precisamente a causa de nosso apego a *status* e posses. Ele nos mantém presos às coisas que temos, pois receamos muito perdê-las. O amor é a superação do medo. O amor deixa ir e confia que, com isso, a vida se multiplicará. A vida se tornará *mais* do que é.

"Sigam-me. Abandonem a lógica de vocês, seu jeito de pensar, seus medos. Confiem que algo novo está por vir. Vocês adentrarão o Reino da abundância, da alegria, da paz e da liberdade". A esse chamado, respondemos:

"Sim, mas veja bem... Não precisa ser tão rápido. Vamos trabalhar nisso. Vamos avaliar com cuidado".

Não botamos muita fé.

Jesus declara: "Sigam-me. Olhem para mim. Não veem os peixes? Não veem os pães? Vocês continuam com todos esses argumentos, continuam resistindo. São tristes, infelizes, medrosos. Estão numa prisão que vocês mesmos construíram. São preocupados. Quando digo: 'Sigam-me', continuam hesitantes". Então alegamos: "Não sei se consigo abandonar tudo. Só eu sei o medo que sinto; não conheço o amor".

Estamos mais familiarizados com a dor do que com o amor. E o que fazemos? Escolhemos a primeira. Aferramo-nos ao nosso modo de ser porque não sabemos o que será de nós se nos desfizermos dele. "Sigam-me" significa "Abandone esses medos". Jesus sugere: "Pensem primeiro no Reino, então todas as outras coisas que os deixam preocupados tomarão seu rumo. Por que estão tão apreensivos, tão temerosos, tão amedrontados? Minha intenção é libertá-los. Minha intenção é que vocês sigam o Senhor, em cuja presença há vida. Quero dar-lhes vida. Se vocês se apegarem ao que possuem, terão inimigos, construirão muros e morrerão; haverá destruição, guerra, violência. Mas eu sou o Senhor da vida. Escolham a vida! Escolham a mim, pois em mim há abundância!"

Como responder ao chamado?

Abandonando, abrindo mão. Cinco pães, dois peixes: esses recursos se multiplicam na doação e, portanto, há o suficiente para todos. Aquilo a que nos apegamos diminui, e aquilo de que nos desprendemos aumenta; é sempre assim. Essa é a grande contradição. O pobre possuirá a terra. Quem doar verá sua doação se multiplicar. Quem, por medo, ficar apegado ao que tem verá suas posses minguarem bem diante de seus olhos.

Isso ocorre comigo. Se me apego a um amigo ou a uma ideia, fico ansioso e nervoso. Por que faço escolhas como essas?

Faça diferente e algo absolutamente novo acontecerá.

Nossa resposta ao chamado de Jesus pode ser bem objetiva: afastar-nos progressivamente do nosso "eu" e dos nossos medos à medida que caminhamos na direção do Senhor.

Seguir Jesus não implica agir de maneira impressionante.

Fico espantado com o número de pessoas que se debruçam sobre grandes questionamentos sendo que já conhecem as respostas simples. Há quem me pergunte: "Devo mesmo deixar tudo para trás e me dedicar a uma missão? É esse o pedido de Jesus?", "Preciso realmente deixar minha família e minha carreira e abrir mão de tudo o que tenho para seguir Jesus?" Minha resposta é: "Por que se fazer grandes perguntas se você pode tão somente dizer: 'Prometo não gritar com meu bebê. Prometo dar esse pequeno passo'".

O maior segredo da vida espiritual é que você já sabe quais são os pequenos passos, mesmo que não conheça os grandes. Você não precisa conhecer os grandes passos para se comprometer com os pequenos. Tudo o que deve fazer é dar um pequeno passo por vez. O interessante é que a pessoa que convive com o Senhor sabe em que consistem os pequenos passos. Por exemplo, se eu me comprometer dizendo: "Nunca mais vou falar da vida de fulano. Vou parar com as fofocas", isso é algo pequenino, que ninguém percebe. Ainda não temos apreço pela pessoa, mas ao menos deixamos de falar mal dela. Um passinho por vez. O próximo pode ser sorrir para ela. Depois a convidamos a passar um tempo conosco. Quando nos damos conta, já somos amigos e, ao olhar em retrospecto, vemos que a longa jornada foi feita de pequenos passos.

Toda figura notável na história do mundo começou com passos modestos. São Francisco de Assis não arrancou suas vestes de uma hora para outra, decidido a se mudar para uma caverna. Foram quatro anos de conflito, um passo por vez. Ele se perguntou: "Em que devo pensar? Como devo agir?" e trabalhou nisso pouco a pouco. Costumamos enfocar resultados impressionantes, mas não é nisso que quero que você preste atenção. Concentre-se nos pequenos passos que São Francisco deu para chegar aonde chegou.

Esteja bem atento. Você sabe exatamente o que deve fazer hoje à noite. Sabe também o que deve fazer amanhã. De igual modo, sabe o que não precisa fazer. Você deve confiar que, ao dar esses passos de fidelidade naquilo que pensa, diz e faz, percorrerá um longo caminho gradativamente. Você ouvirá o chamado cada vez mais alto, ciente de onde vai chegar.

Não quero soar simplista demais.

De uma maneira ou de outra, devemos confiar que todos os passos necessários são viáveis. Jesus não pede que saltemos de um ponto para outro; ele orienta que comecemos a nos mover com muito, muito cuidado: um passo, depois outro, e mais outro...

O primeiro passo é ouvir.

O segundo é afastar-se do "eu" e do "meu". Ao tomar decisões, podemos nos indagar: "Estou fazendo isso porque quero garantir minha sobrevivência ou será que sou capaz de agir com base na confiança?" Saberemos quando nossa motivação for o medo e quando for o amor. Escolha sempre o amor. Não faça nada por medo. Repito: tem a ver com mudanças modestas; não deixe que suas palavras e seus pensamentos sejam controlados pelo pavor. Alimentar crenças ancoradas no medo o deixarão ainda mais aterrorizado.

Seguir Jesus é deixar o medo para ir ao encontro do amor – ao encontro do Senhor, consistentemente.

É fundamental que deixemos o lugar de apreensão rumo ao local onde habita aquele que é Amor (cf. 1Jo 4,8). Devemos manter os olhos fixos no Deus da abundância. Jesus é quem promete vida, e vida plena. Ele não diz: "Vou tornar sua vida difícil", mas, sim, fala em mover-se na direção da vida: "Sigam-me e fixem o olhar naquele ponto onde há promessa de vida abundante".

Recorra à oração e à meditação para manter os olhos fixos na fonte da vida.

Se você pretende desenvolver sua espiritualidade, pense sempre no Senhor e olhe para ele.

Santo Inácio de Loiola recomendaria: "Veja-o, ouça-o, toque-o, prove-o, cheire-o". Esteja inteiramente presente e se familiarize com o que você vivencia. Mantenha-se sempre pronto para o convite que diz: "Venha e veja", pois, quando realmente observar à sua volta e se habituar com a beleza de

Jesus, você perceberá que a formosura dele consiste no convite para amar. E, sendo esse convite um chamado para ir na direção que ele aponta, será fácil atendê-lo.

Talvez "fácil" não seja a palavra mais apropriada. Trata-se de algo que fazemos porque somos *atraídos*. A vida espiritual não consiste em desistir de alguma coisa, mas em seguir Jesus em primeiro lugar. A primeira coisa a se fazer não é abandonar todos os temores, mas deixar-se conduzir na direção do amor. Se nos concentrarmos no Senhor, em seu Reino, em sua Palavra e em seu Evangelho, se isso tudo ocupar o nosso interior, saberemos como agir, pois estaremos imersos nessa nova realidade. Estaremos na Casa do Senhor, na companhia de Deus, o lugar propício para a tomada de decisões, onde nossos olhos se voltarão ao foco correto. Conheceremos a beleza de Deus e desejaremos estar na presença dele. Ansiaremos de verdade por isso.

Todos temos uma vocação, um chamado a seguir, e é fascinante confiar nesse chamado.

Não pense em termos exagerados. Ouça e saberá qual será o passo seguinte. Você desejará dar esse passo pois ele sempre corresponderá ao movimento de se afastar do medo e seguir na direção do amor.

"Venham. Sigam-me."

Seguir Jesus é seguir a voz daquele que nos chama para deixar de vagar à toa ou, se for o caso, sair da inércia que paralisa. Jesus diz: "Sigam-me". Se escolhemos ouvi-lo e acatamos o convite, nossa vida pouco a pouco vai ganhando foco e deixa de ser exaustiva. Sabemos para onde direcionar nossas energias; distinguimos o que é e o que não é importante. Seguir Jesus significa deixar para trás o "eu" e mover-se rumo ao "outro". Significa ousar sair de si e se desfazer lentamente da busca pelo sucesso pessoal. Significa ser guiado por alguém que conduz a um jeito totalmente novo de ser.

Seguir uma pessoa não é o mesmo que imitar ou copiar seu comportamento. Penso que, por vezes, acabamos imitando ou repetindo o que fulano ou fulana diz, fazendo o que um ou outro faz. Mas seguir Jesus é diferente de imitar ou reproduzir o modo como ele realiza as coisas.

É importante que reconheçamos essa diferença. Quando imitamos uma pessoa, não desenvolvemos um relacionamento pessoal e profundo com ela. Imitamos alguém que admiramos ou que ocupa posição superior à nossa, mas não há relação estreita nisso.

Às vezes, a imitação tem um quê de medo: "Receio que tal pessoa não goste de mim, então vou imitá-la para que ela me aceite". Não há intimidade.

Imitar alguém também pode ter a ver com preguiça: "Vou fazer o que fulano faz, mas não quero nenhum tipo de envolvimento com ele". Quem imita outra pessoa não se envolve realmente com ela, não visa estabelecer uma relação genuína.

Em contrapartida, quando falamos em seguir Jesus, referimo-nos a um movimento que se inicia em nosso coração, que vem do nosso mais profundo interior e está associado à essência do nosso ser. Seguir Jesus consiste em viver em seu Espírito, em sua luz, em seu coração, fazendo isso com o nosso espírito, a nossa luz, o nosso coração. Não estou dizendo que nos tornamos imitadores passivos, de jeito nenhum, mas que nos transformamos em pessoas que descobrem a própria vocação, o próprio chamado, de uma maneira completamente inédita.

Seguir Jesus significa doar ao amor divino aquilo que nos compõe e nos molda.

Seguir Jesus significa viver de modo autêntico como ele viveu. Consiste em abandonar o ego e acompanhar o Deus de Amor revelado no próprio Jesus. Isso requer conversão, demanda coração e mente renovados.

Nenhum seguidor de Jesus é igual a outro. Repare como são diversos os santos: cada um exerce o discipulado de um jeito só seu. Um dos aspectos mais interessantes da vida cristã é que ela não coloca as pessoas num molde; pelo contrário, dá vazão a uma rica variedade de seres humanos nos quais o amor de Deus encarna das mais diversas maneiras.

Se seguir fosse o mesmo que imitar, jamais haveria uma comunidade sequer, pois comunidade é justamente a reunião de pessoas que, cada uma a seu modo, acataram e incorporaram o chamado. A vitalidade da comunidade cristã se dá precisamente na multiplicidade de formas de seguir Jesus.

Todos refletimos o amor de Deus, cada um à sua maneira. Juntos, somos como um mosaico. Nesse tipo de composição, uma pedra é brilhante, outra é dourada, outra é bem pequena... Se olhamos de perto, conseguimos apreciar a beleza de cada uma; porém, se nos afastamos, percebemos que juntas elas revelam uma linda figura e contam uma história impossível de ser relatada por uma só. Somos como pedras que, reunidas, mostram ao mundo a face de Deus.

Seguir Jesus é considerar seu chamado uma convocação pessoal. Trata-se de um chamado a testemunhar de maneira individual o amor divino revelado em Jesus. A fim de que a plenitude do amor de Deus seja notória na comunidade cristã, há muitas formas de ser discípulo. Para alguns, isso corresponde a ser chamado à pobreza radical; para outros, pode ser uma convocação à fidelidade conjugal. Há quem seja chamado a uma vida de serviço no mundo secular e há quem seja convocado a uma vida de contemplação e discrição. Qualquer que venha a ser nossa resposta individual, que seja uma resposta de amor, pois assim tornamos visível o amor de Deus. Cada discípulo reflete uma particularidade desse amor.

O discipulado – isto é, o ato de expressar o amor de Deus –, pode assumir diversas formas. Algumas pessoas amam de maneira apaixonada. Outras manifestam amor indignado: ao deparar com injustiças, de imediato se dedicam a combatê-las. Outras têm um amor bastante terno e são muito amigáveis: onde quer que estejam, formam comunidade. Outras, por sua vez, têm um amor sereno e são bem reservadas.

O amor se manifesta de todas essas formas, e cada um de nós tem um jeito próprio de expressá-lo. O amor divino é tão abundante e abrangente que é preciso uma multidão para torná-lo visível. As diversas manifestações do amor se sustentam mutuamente.

Senhor Jesus,

Venho a ti para adentrar o mistério de teu caminho – o caminho do discipulado, o caminho que leva da cruz à vida nova. Não é um caminho fácil de percorrer, mas nele há paz e alegria. Ajuda-me a permanecer em tua companhia com o coração aberto às aflições, a manter a mente aberta ao entendimento e a ter disposição para seguir a ti sem hesitar.

São muitas as lutas, e eu sempre terei de enfrentá-las, mas contigo, Senhor, vivo na Luz. Contigo, Senhor, eu me aproximo cada vez mais da verdadeira vida. Contigo, Senhor, sei que estou em segurança.

Faz-me celebrar a vida com espírito grato por estar aqui e porque Tu és o meu Deus.

Amém!

3

O desafio: "Amai os vossos inimigos"

Mas eu digo a vós que me escutais: Amai os vossos inimigos, fazei bem aos que vos odeiam. Falai bem dos que vos maldizem e orai por quem vos calunia. A quem te bater numa face, oferece também a outra; e a quem tomar o teu manto, não impeças de levar também a túnica. Dá a todo aquele que te pedir e não reclamar de quem tirar o que é teu. O que desejais que os outros vos façam, fazei-o também a eles. Se amais quem vos ama, que recompensa tereis? Porque os pecadores também amam os que os amam. E se fazeis o bem a quem o faz a vós, que recompensa tereis? O mesmo fazem também os pecadores. Se emprestais àqueles de quem esperais receber, que recompensa tereis? Também os pecadores emprestam aos pecadores, para deles receberem igual favor. Ao contrário, amai os vossos inimigos, fazei o bem e emprestai sem nada esperar em troca, e grande será a vossa recompensa. Assim sereis filhos do Altíssimo, porque ele também é bondoso para com ingratos e maus (Lc 6,27-35).

"Amai os vossos inimigos" é provavelmente a convocação mais importante de toda a mensagem cristã, pois remete ao exato ponto em que o Novo Testamento é de fato novo. Trata-se de um conceito que entrou na história por meio de Jesus, que foi quem apresentou esse desafio a nós. Contudo, temos uma noção bastante limitada e um tanto distorcida do que é o amor. Antes de falar em amar nossos inimigos, primeiro devemos falar em amar nossos amigos.

Amor

Quando penso no modo como vivo e em como as pessoas levam a vida, fico admirado ao perceber quanto sou imensamente carente. Careço de afeição, de atenção, de afirmação. Careço de elogios. Careço de capacidade de influência, de poder e de sucesso. Estou ciente de quão fortes são essas carências que há em mim e nas outras pessoas.

Na verdade, tais carências são tão fortes que frequentemente nos surpreendemos organizando a vida a fim de atendê-las, e existe um aspecto trágico em viver dessa maneira. Você já deve ter notado isso. Tão logo uma carência é satisfeita, descobrimos que ainda falta algo. Tão logo recebemos o elogio pelo qual havíamos suplicado, quando alguém nos diz: "Nunca conheci ninguém tão bonito quanto você", pensamos: "Será que é sério isso? Será que fulano elogia todo mundo desse jeito?" Ou, se uma pessoa nos exalta dizendo: "Você é maravilhosa! Achei incrível aquilo que você fez, o filme que você produziu, o ensaio que você escreveu...", isso nos deixa ansiosos por viver sempre à altura da expectativa alheia. Quanto maior a fama, maior o desassossego: ficamos receosos de perder o que tão cuidadosamente construímos.

Passei algum tempo em San Francisco e em Los Angeles com um pessoal da indústria cinematográfica e de entretenimento e fiquei perplexo com o fato de todos estarem o tempo inteiro ansiando ouvir como são fantásticos. A impressão era a de que viviam em eterna carência. Mesmo que disséssemos que eram ótimos, não achavam suficiente. Até quem estava no auge do sucesso, ganhadores de Oscars e outros prêmios, sentia-se infeliz, considerando-se pouco reconhecido. Quando os cumprimentamos dizendo "Você é o melhor!", eles respondem: "Você está dizendo isso hoje, quero ver amanhã!"

Mesmo quem é imensamente admirado e já fez enorme fortuna, quem ganhou prêmios, alcançou sucesso e reconhecimento, pode cair em depressão profunda. Quando nos aproximamos dessa pessoa e a enxergamos para além das aparências, percebemos que é tão insegura quanto qualquer outra. Sob toda aquela riqueza, todo aquele sucesso e aclamação, sua fragilidade ainda a faz perguntar: "Você me ama?"

Ouvimos falar em pessoas que tiram a própria vida estando no auge da carreira e questionamos: "Como pode uma coisa dessas acontecer com gente rica, famosa e bem-sucedida?" Então nos damos conta de que essas pessoas viviam em tamanha tensão que a vida acabou se tornando insuportável.

Temos carências gigantescas. Muita gente vivencia profunda falta de carinho e de autorrealização, e chega a nos causar espanto o sentimento intenso que isso lhes causa. Com frequência me pergunto se as pessoas realmente gostam de mim e do que faço. Isso é terrível, mas não consigo me desvencilhar! Depois de ministrar um sermão sobre humildade, sou capaz de me questionar se as pessoas gostaram do que ouviram!

Por que somos tão carentes?

De onde vem isso?

Vem de mágoas. Somos pessoas feridas. Fomos machucados a tal ponto que duvidamos de nosso valor. Temos dúvidas a nosso próprio respeito. Perguntamos: "Sou digno de existir?",

"Sou útil para a humanidade?", "Faço parte de alguma coisa?"

Ainda que não nos expressemos exatamente dessas maneiras, em algum lugar dentro de nós, há um sentimento de rejeição. No fundo, temos a impressão de que não somos aceitáveis. Apontamos para nossa mãe, nosso pai, irmão, igreja ou escola e dizemos: "Tenho raiva do que me aconteceu", "Ainda não lido bem com a ideia de respeito próprio porque meu pai sempre me colocou para baixo", "Minha mãe não tinha carinho por mim porque ela preferia os outros filhos", "A igreja me fez sentir aversão por mim mesmo".

Por causa desse ressentimento, nós nos tornamos carentes. Estamos desesperados, querendo experimentar de uma vez por toda a sensação de bem-estar. Nutrimos uma profunda convicção de que somos inadequados. Culpamos pessoas e situações, mas, na verdade, sabemos que o real motivo do nosso desgosto é outro.

Existe um problema nessa carência: ela pode se tornar violenta. A solidão, a autodesconfiança e a angústia que sentimos podem ser tão grandes que tentamos forçar os outros a gostar de nós.

"Por favor, me ame. Por favor, diga que não há nada de errado comigo". Assim, o que deveria ser expressão de afeto pode se transformar em reivindicação. Em um mundo onde o anseio por ser validado é tão forte, é possível que as pessoas comecem a agarrar, morder, estapear ou mesmo golpear as outras por causa dessa carência. Os presídios estão repletos de gente que cometeu crime apenas para atrair atenções, mesmo que de maneira negativa.

Nossas demandas podem resultar em feridas. Podemos machucar as pessoas por causa daquilo que ansiamos, pois, com bastante frequência, forçamos os outros a nos oferecer algo que eles não têm. Obrigamos as pessoas a exercer o papel de nosso "Deus particular". E quando as fazemos ocupar o lugar de Deus em nossa vida, tornamo-nos verdadeiros demônios. É aí que mora o problema. Carências resultam em feridas; estas, por sua vez, dão origem a novas carências, e assim por diante. Se nos perguntarmos: "De onde vêm minhas necessidades mais íntimas?", perceberemos que nossas feridas foram causadas por alguém que nos machucou por sentir-se muito carente.

Talvez reajamos a esse cenário dizendo: "Que nada! Não vou fazer nada disso com as minhas carências". Não queremos ferir ninguém, mas, quando menos esperamos, nossos filhos estão por aí afirmando que não se sentem vistos por nós. Ou então nossos amigos nos confessam: "Estou decepcionado com você", e nossos companheiros se queixam: "Você não me dá tudo o que preciso. Mesmo depois de tantos anos de casados, ainda nos falta algo". A dor é imensa porque as pessoas que se sentem machucadas por nossa causa são aquelas a quem amamos profundamente. De algum modo, não conseguimos evitar isso, e nos entristecemos. Além do mais, notamos que esse emaranhado de feridas e necessidades se perpetuará no futuro.

Mas de onde vêm essas feridas que nos fazem sofrer?

Da rejeição. O machucado corresponde à experiência de não ser amado por completo. A pessoa ferida é alguém que, no fundo do coração, não sabe se é amada de verdade.

As palavras de Jesus falam diretamente com essa condição humana. Jesus quer nos livrar da corrente que nos aprisiona. Ele quer nos libertar por meio da revelação de que somos amados muito antes de amar e de receber amor. Jesus veio para nos mostrar o primeiro amor, o amor genuíno, e nos chama para entrar em contato com esse amor.

O primeiro amor afirma: "Eu o amei antes que você pudesse amar alguém ou receber amor de quem quer que fosse. Eu o aceitei; você é bem-vindo. Você é amado independentemente do que sua mãe, seu pai, irmão, irmã, escola, igreja ou sociedade faça. Você nasceu do meu amor; dei a você o fôlego da vida por causa do meu amor. Declarei sua existência por causa do meu amor. Você é a encarnação do meu amor, e em mim não há ódio nem vingança, não há ressentimento. Em mim não há nada que queira rejeitá-lo. Eu amo você. Confia nesse amor?"

Amor genuíno é o mesmo que bênção genuína.

Amor genuíno é o mesmo que aceitação genuína.

Muito antes de falarmos em pecado original ou rejeição original, devemos falar no amor de Deus, que nos ama desde o princípio.

É o amor de Deus que nos permite amar uns aos outros. É esse primeiro amor que serve de base para as mais preciosas relações humanas. É esse amor que queremos tornar visível uns aos outros, em cada relacionamento e na companhia de cada indivíduo.

Jesus declarou: "Amem-se uns aos outros porque eu os amei primeiro" (cf. Jo 13,34).

É na plenitude da vida espiritual que alcançamos o lugar do primeiro amor. Assim que acessamos esse lugar, inicia-se um lento processo de libertação das carências e feridas que nos aprisionam.

De fato, o propósito da vida espiritual é nos tornar livres para amar.

Diante da mulher que derramou óleo sobre seus pés e os enxugou com os próprios cabelos, Jesus orientou que as pessoas a perdoassem porque ela o amava demais (cf. Lc 7,36-48). Ou seja, ela havia compreendido quanto era amada, e essa compreensão a deixou livre para amar a Jesus de todo o coração.

Quando entramos em contato com o primeiro amor, acessamos a essência do nosso ser, onde podemos nos sentir absolutamente amados, sem pré-requisitos nem limites. Quando entramos em contato com o primeiro amor, ganhamos liberdade para amar as pessoas sem pedir nada em troca.

Isso é completamente diferente do amor mundano, pois o amor mundano é uma transação. O aspecto transacional desse amor é o verdadeiro motivo pelo qual as pessoas estão sempre envolvidas em problemas. Se elas oferecem alguma coisa, esperam outra em contrapartida; é daí que vêm os conflitos e a hostilidade. É daí que vêm a revolta, o ciúme, o ressentimento e a vingança. Dessa compreensão equivocada a respeito do amor é que surge todo o caos humano.

Quando Jesus instruiu: "Dê sem esperar nada em troca" (cf. Lc 6,34-35), a intenção dele não era que nos tornássemos masoquistas ou pessoas que agradam os outros e dizem: "Não, não. Você não precisa retribuir. Eu me sentirei péssimo se você fizer isso".

De jeito nenhum. Jesus disse: "Você é tão amado que sequer precisa se preocupar com retribuições".

E como conhecemos esse tipo de amor?

Por meio da oração. Devemos orar a fim de que deixemos o primeiro amor nos tocar e, então, o reconheçamos.

Oramos para reconhecer que somos totalmente amados e para que esse reconhecimento ocorra não apenas em nossa mente, mas em nosso coração e no mais íntimo do nosso ser. Essa é a razão de nossas orações. Oramos a fim de que sejamos capazes de andar por este mundo sem nos sentir tão carentes, sem ferir os outros e sem oferecer nada esperando algo em troca. Oramos para ser livres.

Se realmente prestarmos atenção nisso, se realmente experimentarmos isso em nossas entranhas[1], então chegaremos aonde devemos

---

1 Nouwen se refere a "entranhas" no sentido grego do termo. Nesse idioma, *splagchnizomai* significa aquilo que atinge o intestino de alguém a ponto de a pessoa ser tomada por compaixão, tornar-se compassiva (isso porque se acreditava que o intestino sediasse emoções como amor e compaixão).

estar, pois, a meu ver, esse é o lugar que mais nos desafia enquanto andamos com Jesus.

Seguir Jesus significa viver uma vida na qual passamos a amar uns aos outros com o amor original do próprio Deus, não com aquele amor carente e ferido que machuca os outros. O amor genuíno tem o poder de amar tanto os inimigos quanto os amigos. Trata-se de um amor divino que nos torna filhos e filhas do Pai altíssimo, "porque ele faz nascer o sol para bons e maus, e chover sobre justos e injustos" (Mt 5,45).

E como podemos nos envolver com esse amor divino?

Vamos tentar responder a essa pergunta explorando algumas noções acerca de casamento, amizade e vida em comum. Penso que muita gente considera suas relações interpessoais como aquilo que mais valorizam, mas também entende que essas relações podem causar o pior dos males.

Amor pelos amigos e pelo cônjuge

Em geral, os casamentos resultam de uma lógica mais ou menos assim: "Eu te amo. Você me ama. Tenho atração por você. Vamos ficar juntos. Nossa, realmente fomos feitos um para o outro! Por que não dividimos o mesmo teto e, quem sabe, formamos um time? Talvez a gente possa até casar!"

Depois de muitos anos, um dos dois diz: "Eu de verdade quero conhecer você. Ainda sinto que você não me deixa saber tudo a seu respeito". Ao que o outro talvez responda: "Estou dando o melhor de mim e já compartilhei com você tudo o que tinha para compartilhar. Já me doei por inteiro". Então a outra parte replica: "Eu me sinto solitário na sua companhia. Acho que você não dá o devido valor ao nosso casamento". Assim, o estresse e as pressões aumentam até que um dos dois sugere: "Bem, talvez a gente precise se afastar um pouco", e a resposta é: "Vamos tentar de novo. A gente precisa buscar ajuda...".

Há uma certa desesperança nesse tipo de amor. Agarramo-nos uns aos outros, e nossas demandas se tornam sufocantes e aflitivas.

Tendemos a acreditar que o início do amor coincide com o início da relação e que o mesmo vale para términos. Mas, segundo a Escritura, isso não é verdade. O amor por outras pessoas começa em nosso relacionamento com Deus.

Amamos os outros porque o "eu" que habita nosso mais profundo ser conheceu o primeiro amor – isto é, o amor incondicional e infinito de Deus. Nesse cenário, quando começamos a nos relacionar com as pessoas, reconhecemos que elas também são alvo do primeiro amor, o qual se manifesta de formas variadas em cada indivíduo e nos chama a edificar um novo lar juntos, uma nova vida em comum, um novo lugar onde Deus possa habitar neste mundo. É esse o conceito de casamento. É esse o conceito de amizade. Relações interpessoais genuínas apontam para Deus.

A Escritura nos conta que os relacionamentos humanos – amizades, casamentos e parcerias de vida – resultam do fato de duas pessoas se reconhecerem pertencentes a um amor maior do que cada uma delas é capaz de comportar e na direção do qual ambas se encaminham.

Nossos relacionamentos apontam para fora de nós, para aquele amor mais amplo que nos envolve. No casamento, dizemos: "Estamos unidos não porque nos damos bem, mas porque reconhecemos que Deus nos chamou para manifestar juntos uma nova maneira de tornar seu amor visível neste mundo. Ao nos juntarmos a outra pessoa e construir com ela um lar, podemos demonstrar hospitalidade e acolher os outros. Podemos criar espaço para crianças e amigos, e esse lugar aponta para aquele que nos chamou".

Casamento não consiste em duas pessoas experimentando um imenso amor mútuo que as faz enxergar Deus uma na outra. Consiste no fato de Deus amá-las tanto a ponto de uma perceber que a outra é um vivo sinal da presença dele no mundo.

Casamento é o mistério no qual o enorme amor de Deus faz com que descubramos juntos como a presença dele pode se manifestar aqui e agora mediante nosso compromisso como casal. A fidelidade se torna possível não porque continuamos sendo quem sempre fomos ou porque nos aferramos um ao outro; ela não ocorre porque somos compatíveis ou temos os mesmos objetivos de vida. A fidelidade existe porque Deus nos mantém unidos naquele primeiro amor.

Permita-me dizer isso de outra maneira. O amor revelado por Jesus a nós é uma relação entre pessoas. A origem da palavra "pessoa" é fascinante: ela vem dos termos latinos *per*, ou "através", e *sonare*, ou "soar". Ser pessoa é ressoar algo.

E o que ressoamos? Um amor que nos extrapola. Quando dizemos "Eu te amo" a alguém, o verdadeiro significado disso é: "Você é uma janela por meio da qual consigo vislumbrar o infinito amor de Deus". Se afirmamos "Eu te amo", isso não significa que a pessoa nos oferece tudo o que necessitamos; de fato, estamos declarando: "Você me coloca em contato com esse Deus com quem já encontrei bem no fundo do meu coração. Você ressoa o amor que já tenho dentro de mim. E eu ressoo o amor que você já reconheceu em seu próprio coração". Esse é o real significado de toda relação interpessoal profunda.

O amor entre um homem e uma mulher, entre dois homens, entre duas mulheres e entre pessoas que integram uma comunidade é um amor entre indivíduos que ressoam o infinito, ilimitado e incondicional amor de Deus. Nós, seres imperfeitos e restritos, somos janelas para o perfeito e irrestrito amor de Deus.

Há quem diga: "Você precisa ver Deus no outro" ou "Você deve enxergar Deus no mundo". Não acredito que possamos ver Deus no mundo. Eu, Henri Nouwen, não consigo ver nada! Contudo, quando encontro Deus em meu coração e em meus momentos de solitude, então o Deus que me habita encontra o Deus que habita você. Trata-se de uma abordagem totalmente distinta. Descobrimos que ambos somos amados pelo mesmo Deus e que podemos nos unir para celebrar esse amor do jeito que o próprio Deus indicar.

Se conhecemos o primeiro amor, se permanecermos na Casa de Deus, então a presença dele em nós reconhece a presença dele no outro. Inversamente, se abrigarmos demônios em nosso coração, veremos demônios por todo lado. Se formos habitados por poderes sombrios, só enxergaremos poderes sombrios. Quem tem o coração pesado vê o coração pesado do outro. Escuridão chama escuridão. Maldade chama maldade. Mas amor chama amor, e Deus chama Deus.

A vida cristã, isto é, seguir a Cristo no caminho do discipulado, tem a ver com descobrir como tornar a presença de Deus visível aqui e agora por meio do amor que temos uns pelos outros. Amizades, casamento e vida comunitária são maneiras distintas de revelar mutuamente o genuíno e abrangente amor de Deus.

Amor pelos inimigos

Alguém já disse que o amor pelos inimigos é a marca da santidade, e isso é verdadeiro. Se amamos nossos inimigos, estamos no caminho de uma vida santa. Era isso o que Staretz Silvano (1866-1938), famoso monge ortodoxo que viveu no monte Atos, na Grécia, sempre dizia. Ele afirmava: "Se você orar por seus adversários, terá paz. E, se vier a amá-los, esteja certo de que a Graça fará o amor de Deus alcançar você".

O amor pelos inimigos é uma característica predominante de Jesus. Lembre-se do que ele declarou na cruz: "Pai, perdoa-lhes porque não sabem o que fazem" (Lc 23,34). Lembre-se de Santo Estêvão, o primeiro mártir cristão, que, diante da morte, pediu que Deus perdoasse seus inimigos: "Senhor, não lhes leves em conta este pecado" (At 7,60). Expressar palavras de perdão é a maneira de dar visibilidade ao amor pelos inimigos.

Quem é o inimigo?

Ao contrário da pessoa que está a nosso favor, inimigo é alguém que consideramos estar em oposição a nós. Muitos temos a estranha necessidade de dividir o mundo em duas seções: aquela que reúne quem é favorável a nós, e a outra, onde estão todos que nos contrariam.

Mais estranho ainda é o fato de nossa identidade depender da existência de inimigos; não existimos sem eles. Definimos a nós mesmos com base naquilo a que nos opomos. Determinamos quem é o inimigo, e ele está logo ali, determinando quem somos.

Esse senso de identidade é construído sobre a grande ilusão de que somos o que dizem a nosso respeito ou fazem a nós. A grande ilusão está em deixar que nossa identidade, nossa individualidade, à mercê de amigos e inimigos, dos que gostam de nós e dos que não gostam. Esse é o maior dos erros.

A boa-nova do Evangelho é que Deus não tem inimigos. O Evangelho afirma que Deus ama a todos do mesmo jeito e com a mesma intensidade. O amor divino alcança "não só aos bons e moderados mas também aos de caráter difícil" (1Pd 2,18). A chuva cai sobre "justos e injustos". Deus não faz distinção de pessoas, ou seja, seu amor é universal.

Somos desafiados

É muito importante perceber que, se realmente queremos amar uns aos outros com o amor de Deus, em vez do nosso amor ferido e carente, somos chamados a insistir em nos tornar amigos dos nossos inimigos.

Inimigos só existem porque os excluímos do amor de Deus. Quando amamos com amor divino, não conseguimos dividir as pessoas entre aquelas que merecem esse amor e aquelas que não o merecem. Quando conhecemos o primeiro amor, que vem de Deus, ninguém fica de fora.

Martin Luther King Jr. declarou: “O amor é a única força capaz de transformar o inimigo em amigo [...]. Por sua própria natureza, o amor cria e edifica. Sim, o que salvará nosso mundo e nossa civilização é o amor, inclusive por aqueles que se opõem a nós”.

Abraham Lincoln afirmou: “Acaso não destruo meus inimigos quando os torno meus amigos?”

Essas declarações são muito fortes.

Na verdade, somos chamados a amar nossos irmãos humanos com amor divino, o amor de Deus. “Portanto, sede perfeitos como o vosso Pai celeste é perfeito” (Mt 5,48).

> Se amais quem vos ama, que recompensa tereis? Porque os pecadores também amam os que os amam. E se fazeis o bem a quem o faz a vós, que recompensa tereis? O mesmo fazem também os pecadores. Se emprestais àqueles de quem esperais receber, que recompensa tereis? Também os pecadores emprestam aos pecadores, para deles receberem igual favor. Ao contrário, amai os vossos inimigos, fazei o bem e emprestai sem nada esperar em troca [...] (Lc 6,32-35).

Amar as pessoas como Deus as ama: podemos fazer isso quando estamos firmemente enraizados no amor de Deus, que habita em nós.

Perceba que o inimigo é quem acaba nos destruindo. Pagamos o preço por odiá-lo, pois, em geral, permitimos que ele tenha poder sobre nós.

Por experiência própria, sei que as pessoas das quais não gosto exercem poder sobre mim, porque estou sempre pensando nelas. Essas pessoas me causam preocupação e comandam a minha mente. Sinto-me enciumado, ressentido e desejoso por vingança; perco a paz. Agarro-me a essa gente a quem chamo de inimiga.

Amar os nossos inimigos é a maneira pela qual nos livramos deles. Quando os liberamos, amamos e amparamos, conquistamos a nossa liberdade.

Uma das coisas mais lindas que podemos vivenciar é deixar que o inimigo desocupe nosso coração por meio do amor e do perdão; tão logo isso acontece, somos inundados pelo ilimitado e abrangente amor de Deus. Tornamo-nos novas pessoas a cada vez que perdoamos um inimigo, pois nos desapegamos daquela figura raivosa que habitava nosso interior e se agarrava ao medo.

O cerne da nossa fé está em sermos pessoas livres do poder que atribuímos aos nossos opositores, livres para dedicar a todo e qualquer ser humano o amor divino que perdoa sete vezes sete vezes sete.

O inimigo só continua sendo inimigo quando não enxergamos plenamente o amor de Deus. Sentimentos de rancor, rejeição, ciúme e mágoa nos escravizam e nos aprisionam numa cela de medo construída por nós mesmos. Colocamo-nos na condição de vítimas do adversário que criamos por conta própria. Mas, a cada vez que perdoamos o outro e deixamos de nos definir em oposição a ele, penetramos os recônditos da Casa de Deus, que é a Casa do Amor. O amor pelos inimigos se torna, assim, o caminho para conhecer o Deus do primeiro amor.

Como responder ao desafio de amar nossos inimigos como Jesus propôs?

Podemos fazer duas coisas bem objetivas.

Orar por nossos inimigos

Em geral, ninguém se interessa muito por orar em favor das pessoas de que não gosta. Mas experimente fazer isso! Ore por gente que você não aprecia. Você realmente precisa dedicar tempo a esse tipo de oração.

"Jesus, oro por essa pessoa a quem não consigo suportar de jeito nenhum."

O inimigo é uma realidade interna, ou seja, estamos lidando com algo com que temos muita intimidade.

Esta atitude é muito importante: seja consistente em orar por seus inimigos, pois, ao fazer isso, você expressará o amor de Deus.

As preces em favor de nossos adversários abrem caminho para uma nova compreensão acerca da unidade da família humana.

Perdoar e servir de maneira efetiva

Seja no casamento, nas amizades ou na vida comunitária, os cristãos alcançam êxito na convivência conjunta quando adotam a confissão e o perdão como estilo de vida.

Não espere até sentir-se melhor em relação às circunstâncias. Não! Você precisa agir justamente quando não se sente bem. Antecipe-se aos sentimentos. Não permita que as emoções decidam quais serão suas ações.

Nós conhecemos o amor de Deus. Sabemos que ele ama a outra pessoa tanto quanto nos ama, com a mesma profundidade. Pode ser que não acreditemos muito nisso, mas não é esse o ponto. O ponto é nos dedicarmos a ações concretas de perdão mesmo que nossos sentimentos sejam ambíguos.

Volte-se ao conhecimento do primeiro amor – ele já estava aí antes que suas emoções fossem afetadas. O ato de perdoar vai sacudir sua vida por inteiro.

Quais palavras devemos escolher ao nos dirigir a uma pessoa de quem não gostamos?

Ainda que estejamos tomados pela ira e pela dor, podemos expressar algo que sinalize nosso desejo de restaurar a conexão com essa pessoa, e não há problema se não recebermos resposta nenhuma. Sabemos que Deus a ama tanto quanto a nós. Lembremo-nos dessa verdade, dessa genuína revelação. É assim que começamos a amar nossos inimigos.

O amor por quem se opõe a nós se inicia com ações pequenas, concretas e específicas, compatíveis com o que conhecemos, não com o que sentimos. Somos capazes de agir segundo o que sabemos, e sabemos que Deus nos ama. Podemos confiar em nosso conhecimento e, com isso, nossas emoções nos acompanharão e nos seguirão. Num mundo onde os sentimentos se tornaram tão soberanos, é importante trazer à memória essa verdade espiritual.

Reflitamos sobre isto: como o amor divino pode nos fazer crescer em amor a Deus e ao próximo?

Seguir Jesus é um movimento que extrapola as noções de "perambular por aí" e "ficar inerte". Muitos de nós estamos sempre nos deslocando para lá e para cá, física e mentalmente falando;

ou então estagnamos sem saber o que fazer. Existe uma espécie de fadiga nisso tudo. Seguir Jesus significa mover-se na direção certa. Quando nos damos conta, já sabemos para onde ir, e nossa vida se torna mais focada e consistente.

Por outro lado, seguir Jesus é algo diferente de se deixar arrastar por um movimento, mesmo que esse movimento seja bom ou sirva de apoio à vida emocional. Seguir Jesus não é apenas encontrar uma maneira de lidar com o próprio eu ou com as emoções (as nossas e as dos outros). É diferente disso. Na realidade, é abandonar nosso eu mundano para encontrar nosso verdadeiro eu em Jesus.

E, ao contrário do que afirma a opinião popular, não somos chamados a imitar Jesus, mas a construir uma comunidade de pessoas que refletem o amor dele das mais diversas formas. Nenhum de nós é capaz de refletir a totalidade desse amor; portanto, seguir Jesus tem um significado particular para cada um. Há muitas maneiras de fazer isso. A comunidade cristã é fascinante porque há diversos jeitos de ser discípulo. Podemos ser ativistas ou adotar uma postura contemplativa ou, ainda, combinar essas duas abordagens. O amor de Deus pode ser vivido de modos distintos. Alguns de nós são muito fervorosos, outros já são mais discretos e podem até passar despercebidos.

Seguir Jesus tampouco significa ser carregado por ele, ou seja, não quer dizer que ele nos tira do chão. Por várias vezes, dizemos: "Está tudo bem porque eu sigo a Jesus" ou "Já orei a Jesus, e você vai ficar bem". Porém, como muitos de nós sabemos, a coisa não é tão simples assim.

Às vezes, seja de nossa parte, seja no mundo à nossa volta, há uma urgência em transformar Jesus em um resolvedor de problemas. Achamos que ele vai solucionar todas as questões e que, se não isso não ocorrer, é porque não temos fé suficiente. Não é essa a intenção de Jesus, pelo menos não segundo o Evangelho. Jesus não está de prontidão para nos livrar de apuros nem é a panaceia que resolve todos os nossos males. Ele não é um ponto-final às dificuldades que atravessamos na vida.

Seguir Jesus significa que *nós* nos lançamos à jornada. *Nós* é que somos responsáveis por dizer o que deve ser dito, assumir compromissos e viver em conformidade com o que sabemos.

Nós é que nos empenhamos e batalhamos. De certo modo, Jesus não remove os obstáculos do caminho; ouso até mesmo afirmar que seguir Jesus significa mudar tudo sem que nada mude. Você bem sabe que os discípulos de Jesus são pessoas normais, gente da vida real; o fato de serem discípulos não faz com que a história deles seja feita só de alegrias.

Como muitos de nós sabemos, a vida realmente pode ser difícil e dolorosa quando decidimos seguir Jesus. Mas, ao mesmo tempo, somos fortalecidos porque já não vivemos sozinhos, não estamos sós durante as aflições. Já não atravessamos as lutas desamparados, não passamos pela dor sem contar com o cuidado de ninguém. Na verdade, seguir Jesus significa andar no caminho dele, pisar as pegadas daquele que nos mostra por onde ir neste mundo sombrio, debilitado e penoso.

Seguir Jesus significa viver na companhia daquele que nos entende por completo. Cabe dizer que a palavra "companhia" vem dos termos latinos *cum* ("com") e *panis* ("pão") e, em seu sentido original, quer dizer "dividir o pão com alguém".

Seguir Jesus é comungar a vida com aquele que nos guia.

Batalhar sozinho é bem diferente de ter companhia na batalha. Saber que na vida continuaremos tendo de lutar, mas que já não precisaremos fazer isso de maneira solitária é uma experiência totalmente nova. Quando seguimos a Jesus, a vida se renova, ela se transforma.

Ao andar com Jesus, sabemos que temos um parceiro de viagem, que temos companhia. Jesus é o Deus-conosco, aquele em quem podemos confiar para sempre e que nos mostra o caminho.

> Senhor Jesus,
>
> Livra-me das muitas coisas que me ocupam e preocupam. Ajuda-me a tão somente estar contigo e a orar, glorificar, agradecer e render louvor a ti. Quero estar atento, mais pronto a te ouvir, mais desejoso de compreender o mistério de teu nascimento, tua vida, tua morte e tua ascensão ao céu. Aquieta-me, Senhor, faz-me calar e fala comigo nesse silêncio.
>
> Amém!

4

O preço: "Tome a sua cruz"

Vinde a mim vós todos, que estais cansados e sobrecarregados, e eu vos darei descanso. Tomai sobre vós o meu jugo e aprendei de mim, que sou manso e humilde de coração, e achareis descanso para vossas almas. Pois meu jugo é suave e meu peso é leve (Mt 11,28-30).

Tudo o que existe no céu e na terra foi criado pela palavra de Deus. Não há nada que não tenha sido pronunciado por ele. Deus proferiu a Palavra, e, por meio da Palavra de Deus, tudo ganhou vida.

Tudo o que há é criação da Palavra de Deus, e ele pronunciou nosso nome.

A Palavra de Deus – Jesus – tornou-se carne, tornou-se um de nós, viveu em um país diminuto, em um dos planetas do Sistema Solar. A Palavra mediante a qual tudo foi criado se tornou uma pessoa chamada Jesus.

O significado disso é expresso por Paulo apóstolo de uma maneira muito bonita quando ele diz que Jesus Cristo, a Palavra de Deus, não se apegou ao privilégio divino de ser aquele em quem se fez a criação; ao invés disso, Jesus se esvaziou de si e se tornou um de nós. E mais: ele não apenas assumiu a forma humana como foi obediente até a morte, e morte na cruz.

Deus, em quem tudo se formou, despiu-se da própria divindade. De novo: ele não se apegou ao privilégio divino, mas se tornou um de nós. Foi ele quem desejou viver nossa vida com tudo o que existe nela. Ou seja, Jesus desejou morrer conosco. Foi ele quem quis experimentar a condição física humana e nos fazer companhia até mesmo no absurdo que é a morte.

A morte é tão ilógica. Quem de nós consegue entendê-la? Não importa quanto queiramos viver, ela é certa. Deus quis vir ao mundo ao nosso encontro e passar pelo disparate da morte, vivenciar a condição humana de modo mais abrangente e completo do que a maneira como lidamos com ela.

Deus manifestou isso ao morrer a mais insensata das mortes. Aquele que é santo se deixou pendurar numa cruz com o corpo desnudado, entre dois criminosos. Esse é o indizível mistério em que nós, cristãos, acreditamos.

Será que acreditamos mesmo?

Deus, em quem tudo se fez, foi pendurado na cruz como um pecador. Foi expulso e arruinado. Assim, ele se uniu à humanidade a tal ponto que somos incapazes de crer nisso.

Quero que você atente a esta declaração contida no evangelho de João, dita por Jesus ao se referir à cruz e à ressurreição: "E quando eu for levantado da terra, atrairei todos a mim" (Jo 12,32). Isso significa que, por meio da morte e da ressurreição divinas, todo ser humano foi igualmente levantado da terra. Significa que a morte de Jesus abrangeu a mortalidade, a imperfeição, a enfermidade, o transtorno, a confusão, a angústia e a solidão humanas. Significa que não há ninguém no mundo que não tenha sido erguido na cruz com Jesus.

Se é verdade que o Jesus crucificado é a Palavra em quem tudo se fez, então todos fomos erguidos na cruz com ele. Todo ser humano – crianças, adolescentes, jovens adultos, pessoas de meia-idade, idosos; gente dos Estados Unidos, da Rússia, da Ásia, da África, da Irlanda, da Nicarágua e tanto mais; prisioneiros e livres; pessoas que vivem em paz e pessoas em meio à guerra; pobres e ricos – todos fomos erguidos com Jesus no Gólgota. E não apenas quem vive neste mundo aqui e agora, mas também pessoas de outras gerações, de séculos passados e séculos que estão porvir e não sabemos quando terminarão. Todo ser humano – do passado, do presente e do futuro – participou do mistério da morte e da ressurreição de Cristo.

Toda humanidade foi pregada na cruz. Não há sofrimento, seja solidão, revolta, dor ou rejeição, que não tenha sido experimentado por Deus. Por esse motivo, nós, com a nossa revolta, nossa dor e nossas lutas, estamos em Deus e fomos erguidos por meio da morte e da ressurreição de Jesus. O Senhor

Ressurreto é o Senhor em cujo corpo toda a humanidade foi reunida.

Essa compreensão promove enorme esperança. Esse é o segredo de enxergar Jesus como a evidência da compaixão de Deus.

Você sabe de onde vem a palavra "compaixão"? Vem dos termos latinos *com* (idêntico ao nosso "com") e *passio* ("sofrer"). "Sofrer com" é ter compaixão. Jesus nos mostra que Deus sofre conosco. Não existe sofrimento que acometa você ou qualquer outra pessoa no mundo e que não tenha sido vivenciado por Deus. Nosso consolo começa quando sabemos disso. Todo sofrimento humano causa sofrimento a Deus.

No Antigo Testamento, a palavra hebraica para "compaixão" é *rachuwm*, derivada de *rechem*, que quer dizer "ventre". Assim, Deus é uma mãe que sofre a dor do filho que ocupa seu ventre.

Quando os evangelhos remetem às ocasiões em que Jesus teve misericórdia, na verdade o original grego relata que ele teve compaixão. Jesus sentiu a agonia e a dor humanas nas próprias entranhas, em suas vísceras, nos órgãos de seu corpo. Ele sofreu tão intensamente e foi tão afetado que, ao ver a viúva de Naim acompanhar o filho prestes a ser sepultado, compadeceu-se dela (Lc 7,11-17). Jesus experimentou de maneira tão profunda a agonia e a dor daquela mãe, daquela viúva, daquela mulher solitária, que ressuscitou o moço dentre os mortos. A compaixão de Jesus se tornou um movimento de vida.

A expressividade desse relevante episódio em Naim não tem tanto a ver com a realização de um milagre por Jesus, mas com o fato de ele haver experimentado o sofrimento daquela mulher tão fortemente quanto ela mesma experimentava e promovido, assim, um movimento de vida. Esse sofrimento compartilhado em pé de igualdade com a mulher foi o que gerou vida e trouxe o rapaz de volta como um presente para essa mãe.

É justamente a compaixão de Deus diante de toda aflição humana que se manifesta na cruz. Isso quer dizer que somos chamados a ver o sofrimento de Deus nas pessoas. Sempre que você deparar com alguém que sofre e se perguntar como essa pessoa poderá atravessar tal situação, saiba que Deus já provou desse sofrimento e partilha dessa dor. Em certo sentido, a história como um todo reflete a profundidade do sofrimento divino. Sob a perspectiva cristã, a história é o desdobramento da intensidade e da imensidão da dor experimentada por Deus, mas também de sua ressurreição, pois, em meio a toda agonia, sempre é possível identificar sinais de esperança aqui, ali e acolá.

Nossa cruz

Se acompanharmos o noticiário pela manhã, questionaremos como pode alguém simplesmente tomar seu café e sair para o trabalho. As reportagens mostram tanta desolação. Penso comigo: "Como vou conseguir fazer alguma coisa se eu realmente levar isso a sério?" Ouço falar em guerra, fome, terrorismo e desastres ambientais e me pergunto: "Como é possível viver prestando atenção nessas coisas?" Às vezes, a única forma de sobreviver é se mostrar indiferente e dizer "Não posso dar atenção a isso tudo. É muito para mim e está fora do meu controle. Já tenho meus próprios problemas".

Ou então vem a revolta. Por exemplo: se, num domingo pela manhã, o pregador aborda os problemas do mundo, se ouvimos falar desses problemas durante toda a semana e, no domingo seguinte, eles seguem sendo o assunto da vez, sentimo-nos impotentes: "O que você quer que eu faça quanto a isso tudo?" Ficamos aborrecidos, nervosos, irados, o que não contribui para nada; além do mais, muitas vezes nos tornamos apáticos. Podemos até sentir vontade de gritar: "Ei! Será que dá para falar algo de bom?"

Confrontar a dor humana não resulta em compaixão, mas em raiva, apatia, irritação e rejeição porque não sabemos como lidar com ela. É demais para nós. É um fardo que pesa para além de nossas forças.

E ainda há as aflições corriqueiras, que têm potencial de se tornar um fardo pesado. Por vezes, elas podem ser até piores e nos afetar mais intensamente do que as grandes questões com que temos de lidar. Por "aflições corriqueiras", refiro-me àquelas que vêm ao nosso encontro e nos aborrecem o dia todo. Então, elas tomam conta de nós: um chefe irritante, o trânsito caótico, um gesto grosseiro, uma palavra de rejeição, equívocos no trabalho. Embora sejam coisas pequenas, elas conseguem nos roubar a alegria. Esse tipo de adversidade se torna um fardo pesado porque nos invade e se instala em nosso coração.

Assim, sentimo-nos sobrecarregados e dizemos com frequência: "Não fosse por isso, eu estaria bem". Mas sempre há mais um "isso". Todos temos um espinho na carne. Todos lidamos com algo que nos faz sofrer de alguma forma. Mesmo que à primeira vista não pareça, todo ser humano carrega uma dor profunda. Às vezes, a impressão que se tem é de que as pequenas cruzes são mais difíceis de suportar do que as grandes. Embora se suponha que a igreja seja um lugar repleto de amor, nela pode haver pessoas que se odeiam. Na sua comunidade e no seu círculo social, há situações envolvendo ciúme e ira que parecem avassaladoras. Justamente no lugar onde se espera encontrar amor, existem conflitos e dissabores.

É nessas circunstâncias que nos sentimos desconectados de Deus. O fardo se torna pesado quando falta vínculo: temos de carregá-lo sozinhos, sem o auxílio de ninguém. Ele não se caracteriza como algo maior e compartilhado; em vez disso, pesa cada vez mais sobre os nossos ombros.

Jesus diz: "Tome sua cruz e siga-me" (cf. Lc 9,23) e "Tome meu fardo, o fardo do mundo inteiro, e ele se mostrará leve. Tome meu fardo, e ele se revelará fácil de carregar" (cf. Mt 11,30).

Esse é o mistério da vida cristã. Não que Deus tenha vindo para retirar nosso fardo, nossa cruz ou nossa aflição. Não. Deus veio nos convidar a juntar nosso fardo ao fardo dele, nosso sofrimento ao sofrimento dele, nossa dor à dor dele.

O grande convite da vida cristã é para que vivamos unidos ao Filho de Deus, que morreu quebrantado. É um convite para que ousemos viver unidos a Deus, que quer nos dar seu fardo. E esse fardo é leve porque o próprio Deus já o carregou em nosso lugar.

E não para por aí. Não basta que Deus seja compassivo para conosco; nós também devemos estar dispostos a ser compassivos para com ele. Devemos *compassio* com Deus. *Compassio* é o termo latino para "sofrer com" – precisamos sofrer com Deus.

O convite a sofrer com Deus é, talvez, o aspecto mais significativo da tradição cristã. Compaixão não significa apenas que Deus sofre conosco, mas que agora somos convidados a sofrer com ele.

São Francisco de Assis, Santa Teresa d'Ávila e São João da Cruz se referem à compaixão. Eles falam do mistério que é sofrer com Cristo. Também falam das coisas de que padecem ao participar do sofrimento de Deus, afirmando que essa junção de dores já não tem um caráter absurdo. Ainda é doloroso, pesado, angustiante, difícil. Ainda é solitário. Mas, junto da cruz, tudo isso se torna algo novo.

Olhe para o homem pendurado e arruinado e você verá o amor de Deus sendo irradiado em sua direção. Sinta a ternura e a novidade de vida fluírem através de você. Sempre que atentar para suas lutas, para sua dor e para a angústia diante do fardo que precisa carregar, veja o Filho de Deus travando essas batalhas bem ali, na cruz. Sua luta se tornará um fardo leve porque ela coincide com o fardo de Deus, que já sofreu por nós.

"Tomar a cruz" não significa olhar para a tormenta. Não significa procurar a cruz nem sair em busca de um problema. Já temos muitos deles, não precisamos de mais um. Às vezes, achamos que "tomar a cruz" implica sermos duros conosco, mas não é a isso que Jesus se refere. Antes de mais nada, "tomar a cruz" quer dizer identificar o que nos faz sofrer.

Em alguns momentos, colocamos o foco nos grandes problemas, mas acredito que devamos começar pelos pequenos.

Temos de lidar com o sofrimento durante toda a vida. Sempre existe algo um tanto difícil a enfrentar. Sempre há alguma dor que escolhemos ignorar, não levar muito a sério. Mas essa dor é uma cruz. Estamos tomando-a para nós? Estamos reconhecendo de onde ela vem? Assumindo que ela existe? Parece que estamos sempre dispostos a carregar outra cruz que não aquela que já temos.

"Fulano não falou comigo hoje. Sabe, não é nada assim tão importante, mas machuca um pouco. Isso é uma cruz. Pequena, sim, mas reconheço que é uma cruz."

"Faz tempo que não tenho notícias da minha amiga, e isso é um tanto doloroso para mim. Não preciso passar por cima dessa dor como se ela não existisse."

O que chama a atenção é que o simples fato de enxergar essas pequenas adversidades permite que pouco a pouco nos acalmemos e já não sintamos tanto medo de que algo pior aconteça. Não precisamos temer nada porque já somos capazes de reconhecer nossa batalha, estamos familiarizados com ela.

Jesus orienta: "Tome sua cruz". Ele não diz: "Faça sua cruz", "Invente sua cruz" ou "Busque sua cruz", mas "Tome sua cruz", e isso significa "Tenha coragem para enxergar sua dor".

Vivemos em uma cultura que nega as feridas da alma o tempo todo, mas elas não doem menos que as outras.

Costumamos dizer: "Meu amigo faleceu, mas preciso ser forte".

Isso é doloroso demais! Houve uma época em que as pessoas lamentavam o luto por bastante tempo. Elas se permitiam sofrer e abriam espaço dentro de si para que a tristeza cumprisse seu propósito.

Há muitos lugares dentro de nós onde experimentamos dor genuína. Não ignore isso. Não rejeite essa realidade. Em vez disso, diga: "Sim, essa situação é difícil, mas vou encará-la".

Reconheça. Fale: "É aqui que dói. Esta é a minha vida e nela tenho de lidar com as minhas dores. Sou capaz de admiti-las? Sou capaz de reconhecer e assumir essa verdade? Sim, eu consigo passar por isso. Quero viver a minha vida. É doloroso e há feridas que só eu conheço, mas esta é a vida que tenho. Quero assumi-la porque jamais vou experimentar alegria se continuar ignorando minha dor".

Esta é a primeira recomendação de Jesus: "Tome sua cruz. Tome-a para si".

"Siga-me" é a segunda recomendação.

Jesus diz: "Faça do carregar a cruz uma parte de seu discipulado. Junte-se a mim. Siga pelo caminho de Deus."

Somos chamados, ou instigados, a trazer nosso sofrimento à realidade curadora da cruz. Esse é o verdadeiro sentido da vida de oração. Podemos orar dizendo: "Senhor, dói não ser amado pelas pessoas que amo. Reconheço que foste rejeitado e quero conectar minha experiência de rejeição à tua".

Também podemos orar assim: "Senhor, estou sentindo tanto medo hoje. Não sei de onde vem esse medo todo, mas ele me deixa ansioso e aterrorizado. Este é o sentimento que vivencio agora. Senhor, quero trazê-lo à tua presença e ao Jardim do Getsêmani, quero conectá-lo à tua agonia para que meu medo se torne tua batalha, a batalha pela vida".

De algum modo, devemos ter coragem para dizer: "Meu corpo dói, Senhor. Sinto dor física. Não sei por que os médicos não conseguem resolvê-la, mas quero viver como quem sabe que Tu também conheces esse tipo de dor, que és um Deus cujo corpo ressuscitou e que nesse corpo houve feridas bem visíveis. Feridas em tuas mãos, pés e costelas. Toma minhas cicatrizes como tuas para que elas não me tornem uma pessoa amarga ou ressentida, raivosa ou aborrecida; coloca-me em contato com o mistério da tua morte e da tua ressurreição. Trago à tua presença tudo o que sou. Trago a ti toda minha angústia e minha dor. Faz com que minha cruz se junte à tua. Que meu fardo se torne teu fardo, e que essa experiência me encha de nova vida e nova esperança".

Isso é orar.

Tenho muitas preocupações; você também tem as suas. Há muitas coisas pelas quais nos angustiamos. Ficamos apreensivos quanto ao amanhã e ao dia de ontem, quanto a fulano e a beltrano. Mas será que estamos reunindo essas preocupações e trazendo-as para o momento presente?

Traga suas inquietações para aquele que já passou por todas elas e foi levado ao céu em seu corpo ressurreto.

Você está mesmo reunindo tudo o que o aflige e usando isso de modo que algo novo possa vir à tona?

Se existe esse tipo de conexão, há novidade a caminho. Toda vez que nos conectamos com a luz divina, algo novo acontece, algum tipo de renovação encontra lugar em nosso ser. Toda vez que isolamos ou ocultamos nossa dor ("Isso é bem constrangedor para mim", "Não consigo contar a ninguém porque é uma situação muito tosca"), o fardo cresce e fica mais pesado.

Quando oramos, vinculamos toda a nossa vida à vida de Deus. Assim, o amor divino pode fluir por nossas veias espirituais, nosso coração e tudo o que somos. Descobrimos uma maneira totalmente nova de existir. Podemos vivenciar nossas batalhas de um jeito absolutamente novo. Tudo o que afirmamos acerca de nosso bem-estar ("Estou feliz", "Estou triste" etc.) pode, de alguma forma, transcender para algo inédito.

Pegue suas inquietações e converta-as em orações. Pegue seu medo e leve-o a Deus. Pegue sua depressão e veja-a na presença do Deus que morre na cruz. Coloque-a na presença daquele que tudo provou e tudo sofreu. Você descobrirá que, na presença de Jesus, é possível viver para além da dor e da alegria, para além da tristeza e do contentamento. Ao orar, conectamos nossa vida à vida de Deus e, então, vivemos de um jeito novo.

Certa vez, atravessei uma depressão profunda que me tirou a alegria em todos os aspectos. Como eu estava em Flagstaff, no Arizona, resolvi ir até o Grand Canyon, perto dali. O que avistei era o resultado de bilhões de anos de criação, e percebi que, se todos aqueles anos correspondessem a uma hora, eu teria nascido não no último segundo, mas em uma minúscula fração desse segundo.

Prestando atenção à minha volta, pensei: "Meu querido, por que tanto problema?" Enquanto eu olhava o Grand Canyon, aquele imenso e deslumbrante abismo, a insólita depressão se desfez. Senti o silêncio. Diante daquele espetáculo da natureza, eu me perguntei: "Qual é a causa dessa preocupação? Você parece estar carregando todo o fardo do mundo – um mundo que sobreviveu antes que você existisse e que vai continuar aqui por muito tempo depois que você se for. Por que você apenas não aprecia a vida e busca vivê-la de verdade?"

Essa imagem do Grand Canyon permaneceu comigo por um bom tempo. Deus é como o Grand Canyon. Ele sofreu a dor de toda a humanidade. Se eu me colocar na presença dessa dor, a minha ferida se tornará um fardo leve, e a dor será atenuada não porque deixará de existir, mas porque terá sido envolvida pelo amor. Posso viver minha dor sem ser destruído por ela. Posso reconhecer minhas feridas sem que elas me paralisem. O Grand Canyon me convidou a penetrar o abismo do amor divino e a provar que sou imensa e cuidadosamente amado. Fui convidado a viver com um novo coração: o coração de Deus.

Muitos de nós que de fato seguimos a Jesus fazemos isso por medo. Mas, se o seguimos por medo – do inferno, do purgatório, da rejeição, da invalidação –, isso não é seguir. Não há discipulado quando seguimos a Jesus motivados pelo medo. E o medo é algo que nos domina demais. Às vezes, fico impressionado com o fato de sermos tão medrosos.

A gente se pergunta: "E se eu não seguir Jesus? O que vai acontecer quando eu finalmente encontrá-lo no céu? O que vou dizer a ele?"

Talvez não admitamos, mas às vezes dizemos: "Bem, por via das dúvidas, é melhor seguir Jesus. Nunca se sabe...".

Jesus não quer que o sigamos por pavor, mas por amor. Em todo o Novo Testamento, lemos: "Não tenha medo". Foi isso que o anjo disse a Zacarias (cf. Lc 1,23) e a Maria (cf. Lc 1,30). Na ressurreição, diante do túmulo de Jesus, os anjos disseram: "Não tenhais medo" (Mt 28,5). O próprio Cristo orientou: "Sou eu! Não tenhais medo" (Mt 14,27).

O medo não vem de Deus, pois em Deus habita o primeiro amor. Nas belas palavras de João: "[...] o amor perfeito joga fora o temor" (1Jo 4,18). O amor divino é perfeito e por isso rompe as barreiras do medo. Jesus instrui: "Não tenham medo. Mantenham os olhos fixos em mim. Sigam-me".

Lembre-se da linda cena que encerra o evangelho de João, na qual Jesus se dirige a Pedro (cf. Jo 21,15-18):

— Simão, você me ama?

— O Senhor sabe que sim.

Jesus pergunta pela segunda vez:

— Simão, você me ama?

— O Senhor já sabe que sim.

Jesus indaga uma terceira vez, e Pedro fica um tanto perturbado:

— Senhor, você sabe que o amo.

— Está bem, meu discípulo. Pastoreie minhas ovelhas. Alimente meu rebanho.

Em seguida, Jesus declara o que há de mais importante para nós a esta altura. Ele diz: "Quando jovem, você se vestia e ia para onde bem desejasse. Na velhice, você vai estender os braços para que alguém o vista, e ainda será levado para onde não quiser ir" (cf. Jo 21,18).

Jesus quer dizer o seguinte: "Ao amar de verdade, você pode ser conduzido a lugares que não escolheu. Quem ama pode ir a lugares onde não deseja estar".

Jesus inverte toda a psicologia.

Ele não diz: "Quando novo, você estende os braços para que os outros o vistam; quando já crescido, pode fazer as coisas do seu jeito". Não! Ele afirma o contrário: "Quando novo, você pode fazer o que bem entende; quando velho, será levado para lugares aonde preferiria não ir".

De fato, a vida espiritual é a vida em que somos cada vez mais aptos a nos deixar conduzir, a nos deixar guiar a lugares difíceis aos quais não gostaríamos de ir. No caso de Jesus, foi a cruz. No caso de Pedro também. Para Paulo e os discípulos, foi o sofrimento incontido. Não se trata de masoquismo nem de autoflagelo. Não tem a ver com pegar pesado conosco. Trata-se de vivermos em amor, de estarmos tão plena e inteiramente tomados pelo amor que somos capazes de ir a lugares onde preferiríamos não ir.

O interessante é que, quando vivemos em amor, o sofrimento não nos afeta da maneira que as pessoas imaginam. Quando verdadeiramente vivemos em amor, nossos olhos não se mantêm naquilo que fere, mas na pessoa a quem amamos. Damos um passo, depois outro e outro e mais outro. Imagine um pai ou uma mãe dizendo: "Claro que vou ficar com minha filha, ela está doente. Eu amo minha filha e não vou deixá-la sozinha". Os outros podem comentar: "Nossa, as coisas estão tão difíceis para fulano(a)", mas é por amar muito a filha que essa mãe ou esse pai tem disposição para fazer companhia a ela.

Quando amamos, podemos atravessar situações difíceis e experimentar o amor em primeiro lugar, não a dor.

Não estou afirmando que não haja sofrimento. Só estou dizendo que não depositamos nossa atenção nele. As pessoas podem dizer: "Ah, querido, que agonia! Que desespero! Quem é que consegue passar por isso? Não sei se eu seria capaz de suportar essa sua dor". Do lado de fora, a capacidade de passar pelo sofrimento pode parecer algo impossível de alcançar.

Quando lidamos com o mais miserável dos pobres, com pessoas moribundas ou que estão em estado deplorável, quando abrimos mão da carreira para nos dedicar a outras causas sérias, há quem possa dizer: "Por Deus, não sei como você consegue!" Muitos de nós podemos responder: "É simples. Eu apenas vivo. Não vejo todo esse problema que você vê. Só estou seguindo adiante, deixando-me conduzir a todos esses lugares onde jamais pensei em estar".

Pode acontecer de uma criança ser tão enferma a ponto de depender da mãe por toda a vida. Essa mãe jamais pensou que teria de lidar com tamanha perda de liberdade. Todo mundo pergunta como ela dá conta, e ela responde: "Eu posso fazer isso. Não é algo que me aterroriza. Eu amo e sigo adiante".

Seguir ao Deus por quem nutrimos amor é o pleno significado da expressão "seguir Jesus". Não o fazemos por medo, mas por amor.

Senhor querido,

Dá-me olhos para ver e ouvidos para ouvir. Sei que na escuridão há uma luz que torna tudo novo. Sei que no sofrimento há nova vida, nova terra para mim. Sei que, para além da dor, há uma alegria capaz de renovar meu coração. Sim, Senhor, sei que estás, que ages, que amas, que és Luz, Vida e Verdade.

Pessoas, trabalho, planos, projetos, ideias, encontros, lugares, obras de arte, músicas e livros só são para mim fontes de alegria e paz se eu enxergá-los como reflexos da tua presença, da tua glória e do teu Reino.

Faz-me ver e ouvir. Senhor, mostra-me o que vês, guia minha vida e dá sentido ao que ocupa minha mente.

Amém!

5

A recompensa: “Para que minha alegria esteja convosco”

Na verdade eu vos digo: chorareis e vos lamentareis, mas o mundo se alegrará. Ficareis tristes, mas vossa tristeza se transformará em alegria. Quando a mulher está para dar à luz, fica triste porque chegou a sua hora. Mas depois que nasceu a criança, já não se lembra da aflição, pela alegria que sente de ter vindo ao mundo uma pessoa humana. Assim também vós estais tristes agora, mas eu vos verei de novo. Então o vosso coração se alegrará e ninguém poderá tirar-vos a alegria” (Jo 16,20-22).

Disse-vos estas coisas para que minha alegria esteja convosco, e a vossa alegria seja completa (Jo 15,11).

A alegria é a recompensa de quem segue a Jesus. Ela é inerente a quem ama. Devemos reivindicá-la porque ela é o grande dom que Jesus veio trazer a nós.

Não é fácil falar sobre a alegria. Parecemos mais aptos a discorrer sobre a dor. Porém, é preciso aprender a falar da alegria porque ela é a grande recompensa daqueles que tomam sua cruz e seguem a Cristo.

Embora seja um tema difícil de abordar, é importante que falemos da alegria, pois, se olharmos à nossa volta, perceberemos que, na maioria dos lugares, as pessoas se mostram bastante sisudas. Muito, muito sisudas. É impressionante. Basta andar pela rua para deparar com gente de cara fechada. Todo mundo está ocupado com coisas sérias. Cada um está cuidando de seus afazeres, que precisam ser realizados agora mesmo porque são urgentes, precisam ser concluídos ainda esta semana porque são muito importantes. O curioso é que toda essa severidade, essa obstinação, essa coisa até um tanto sombria, costuma ser uma característica de gente abastada.

Quando dou aula no seminário, noto que é difícil fazer alguém sorrir. "Não me interrompa, pois tenho de escrever um artigo. É muito importante que eu seja bem criterioso." Minha impressão é a de que isso tem a ver com realizar coisas. Estamos envolvidos em nossos projetos; temos objetivos a alcançar, a conquistar. E somos muito, muito comprometidos com cada um deles.

Por um período, morei numa região extremamente pobre da cidade de Lima, no Peru. Se tem uma coisa que causa profundo encanto em quem visita aquele lugar – e não estou dourando a pílula – é o fato de aquela gente pobre, afetada por todo tipo de adversidade, não gastar tempo falando de seus problemas.

Aí vai um breve relato. Viajei para Lima porque achei que fosse uma boa ideia implantar um projeto ali. Minha intenção era fazer algo relacionado com aquela pobreza toda. Eu morava com uma família em um bairro fora da área urbana, chamado Pamplona Alta. Era uma região desértica bastante seca, onde havia milhares de tendas armadas na encosta das colinas. Todo dia, eu tinha de caminhar por pelo menos vinte minutos de casa até a igreja. A experiência era fascinante porque, assim que eu deixava a casa onde morava com Pablito, María, Sofía, Pablo e o pequeno Juan, as criancinhas corriam para fora das casas delas para me ver. Elas diziam: "Padrecito! Padrecito!" Fazia muito tempo que elas não avistavam um estadunidense alto e simpático, então vinham na minha direção; antes que eu me desse conta, cada dedo das minhas mãos já havia sido agarrado por uma delas! A criançada não me soltava!

"Me soltem! Estou indo ajudar os pobres!"

E nada. Elas me puxavam para o chão, e eu ficava ali sentado na areia, com toda aquela garotada olhando para mim e querendo me tocar, encostar nas minhas pernas. Certa vez, uma delas olhou para a minha boca e comentou: "Que boca enorme!" A despeito do meu ambicioso projeto, que levaria um total de cinco anos para se realizar, eu me deixava ficar ali, rodeado de crianças imensamente felizes só por estarem comigo.

— Tenho que ir. Vou ajudar os pobres!

Elas me seguravam e diziam:

— Por que você não brinca com a gente? Olha como o dia está lindo!

Aquelas criancinhas me mostravam que, se havia algo que valia a pena, estava bem diante de mim. Naquele lugar, naquele momento.

— Vamos jogar bola. Vamos dar risada. Vamos só dar risada.

Sorriam, gritavam, subiam nas coisas e se divertiam… Era incrível. Elas realmente conseguiam celebrar!

As crianças me fizeram perceber que devemos nos comprometer com uma espécie de missão reversa, na qual gente sofredora que vive na América Latina seja enviada como missionária para a América do Norte, a fim de nos mostrar que, mesmo no sofrimento e na aflição, sempre há uma porção de alegria. Risadas e brincadeiras são remédios divinos.

Não estou afirmando que opressão, fome e pobreza não devam ser mitigadas. Mas, se não conseguirmos partilhar da alegria dessas crianças em meio à pobreza em que vivem, o que poderemos oferecer a elas?

Não sejamos tão severos, como se fôssemos os únicos capazes de salvar o mundo. Somente Deus pode salvá-lo. E isso é algo com que devemos sempre nos alegrar.

É difícil falar da alegria. Na Holanda, tive um professor que passou três anos falando sobre ansiedade. Estudamos Kierkegaard, Sartre, Camus e muitos outros especialistas nesse assunto. Quando perguntei ao professor se ele poderia dar uma aula sobre alegria, a resposta foi: "Já tentei, mas não tenho muita coisa a dizer a esse respeito".

Quando minhas pernas doem, consigo falar sobre isso; tenho um vasto repertório para descrever quão dolorosa é essa experiência. Quando elas não doem, sequer penso nelas. Quando me sinto bem, não levo esse assunto para os outros. Minha linguagem é limitada: falo muito melhor sobre ansiedade do que sobre alegria. Talvez isso signifique algo bom em relação à alegria. Talvez a experimentemos com mais frequência do que imaginamos. Quem sabe a gente exista para ter uma vida alegre. Quem sabe a alegria seja algo tão normal a ponto de não precisarmos falar sobre ela.

A palavra que quero usar para falar da alegria é "êxtase", e eu a aprendi com Jean Vanier, um canadense que criou uma comunidade internacional para acolher pessoas com deficiência intelectual. Ele relatou que, depois de trabalhar com pessoas com deficiência, passou a acreditar que, de toda a humanidade, aquelas eram as pessoas que tinham direito ao êxtase. Vanier me disse que toda pessoa que tem algum tipo de debilidade precisa viver extasiada.

Comecei a pensar nisso e percebi que a palavra "êxtase" significa sair da condição estática. Êxtase quer dizer mover-se para fora do que é estático, do que nunca muda. A vida extasiada é aquela na qual estamos sempre nos movendo de um ponto fixo para um novo local. Não nos contentamos com o velho. Alegria é esse movimento para fora dos lugares de morte, dos lugares onde as coisas não se transformam. Tudo na vida é mutável; quando paramos para observá-la, notamos que ela nunca é a mesma.

E, no exato instante em que as coisas param de mudar, a morte aparece. Tornamo-nos rígidos, inflexíveis, mortos. É muito importante perceber que a alegria é justamente o salto para a vida, para fora dos lugares que não se transformam. Alegrar-se tem tudo a ver com experimentar a vida como se fosse a primeira vez.

Sim, a alegria está associada à novidade. Ninguém nunca disse: "Ah, veja aqui esta velha alegria se repetindo". Não! Há sofrimento antigo, mas não alegria antiga. A alegria é sempre nova.

Exclamamos: "Uau! Isto não é incrível?" A novidade sempre chega a nós como algo bonito, jamais visto, algo em que existe vida. Para um pequeno bebê, cada dia é uma experiência nova. Não se trata de mais um dia na vida de uma velha criança; a criança é que está cada dia maior.

Alegria é vida porque o significado de vida é aquilo que se move dos lugares antigos e estáticos para lugares novos e dinâmicos.

O grande desafio é reivindicar o contentamento que Jesus nos oferece. Jesus é o Deus da vida em abundância. Ele veio romper as cadeias formadas por feridas e carências e vencer a morte. Ele veio dar vida, e vida é alegria. "Quero que minha alegria seja sua para que a sua alegria seja completa" (cf. Jo 15,11). Jesus diz: "Vim vencer a morte e proporcionar a você uma vida que nunca acaba".

Para nós, não é fácil viver desse jeito porque abrigamos um certo receio. Há uma espécie de resistência à alegria. Algo em nosso interior é tentado a escolher a morte ao invés da vida, a optar pelo lugar estático em vez do lugar alegre. É o medo que faz isso. O medo nos torna apegados ao lugar estático; ele nos prende no ordinário, na normalidade, naquilo em que nos sentimos seguros.

Duas coisas podem acontecer quando estamos amedrontados. Uma delas é nos aferrarmos ao jeito conhecido de fazer as coisas. A outra é entrarmos em pânico e corrermos de um lado para outro. Chamamos a primeira de "conduta sistemática" e a segunda de "conduta errática".

Conduta sistemática

Pense nisto: quando estamos aterrorizados, escolhemos padrões conhecidos e formas convencionais. Dizemos: "Este é o meu jeito de fazer as coisas, então não me venha com novas ideias", "Não há nada de novo debaixo do sol", "Apenas mantenha tudo como deixei", "Sabe, tenho experiência nisso, e é por esse motivo que faço sempre dessa maneira".

O medo faz as pessoas se apegarem à segurança. Alguns de nós preferimos nos sentir seguros e viver de modo um tanto infeliz a nos expor à insegurança e à vitalidade. Alguns de nós agarramos nossos lamentos como se fossem aquele paninho de que não largávamos quando crianças. Diante da pergunta "Como vai?", respondemos: "Tirando o que não está bem, está tudo bem". Experimentamos uma certa satisfação ao nos referir às nossas queixas.

Falamos negativamente de pessoas, de nós mesmos, de nossa saúde e de tudo mais. Sentimo-nos bem fazendo isso porque é algo que nos dá assunto para conversar quando estamos por aí. Podemos sentar à mesa e simplesmente reclamar; sentimo-nos seguros em meio aos nossos lamentos, nossas fofoquinhas, nosso jeito despretensioso de dizer "Não está bom nem vai melhorar, então não nos resta fazer nada. As coisas são assim; vamos deixar que assim sejam".

Experimentamos um certo senso de segurança ao recusar sair do lugar. "Vamos ficar por aqui, nada vai melhorar mesmo... Sejamos realistas".

Quando amedrontados, escolhemos sempre nos preservar. Ao nos darmos conta disso, exemplos de escolhas motivadas pelo senso de preservação saltam aos nossos olhos, e não me refiro apenas a escolhas individuais, mas também às coletivas, nas quais a sociedade visa se proteger. Passamos a notar que a preocupação do mundo quanto à segurança está vinculada ao medo.

Nós nos defendemos contra o inimigo e construímos bombas para garantir nossa segurança. Então percebemos que os cuidados com a segurança mata todos nós antes que as bombas explodam. Essa atitude nos deixa tensos e enrijecidos.

Por si só, o medo da guerra já causa enorme destruição – em nossos filhos, em nossa mente, em nosso coração. Ficamos temerosos, receando viver, e nos tornamos pessoas preocupadas o tempo todo com a nossa proteção. Gastamos muito dinheiro, tempo, talento e energias nos preparando para uma guerra que talvez nem aconteça. Contudo, esse mal-estar nos destrói mental e emocionalmente e faz com que abracemos as armas da morte. Isso é perigoso.

Não há nenhuma alegria nesse cenário.

Quanto mais fazemos da segurança nossa preocupação primária, mais difícil será para nós sentir contentamento. Ser alegre significa saltar para fora da zona de segurança e tentar algo novo.

Precisamos de disciplina constante para manter-nos no movimento de abandonar o medo e escolher a alegria. Estamos sempre escolhendo entre a segurança, por um lado, e, por outro, a liberdade, a alegria e a vida.

Conduta errática

Há outra resposta ao medo para além da segurança e da conduta sistemática. Na verdade é o exato oposto: a conduta errática.

O medo não apenas nos arrasta para lugares seguros, mas também nos faz dispersar. Algumas pessoas ficam tão desesperadas e aterrorizadas diante de coisas rotineiras e sistemáticas que acabam se lançando aos quatro ventos. Elas perderam suas raízes e içaram suas âncoras. Estão vagando sem rumo, sem saber para onde ir. É como se o medo crescesse tanto até que, de um dia para outro, elas se esquecessem do que estavam fazendo.

Esse tipo de gente fica à toa pelo mundo. Fazem um quase nada aqui, outro quase nada ali, movendo-se de um pequeno prazer a outro – sexo, bebida, drogas, breves transações comerciais aqui e acolá –, mas não se sentem em casa em lugar nenhum. Perderam suas raízes; ficam perambulando por aí.

Isso não é alegria nem liberdade.

Sem saber onde firmar âncora, corremos ansiosos de um lado para outro, fazendo coisas alucinadamente, mas sem um lugar para chamar de lar. Se não experimentamos a sensação de enfim-em-casa, não encontramos alegria no movimento.

Jesus fala bastante desse assunto. Ele diz: "No fim dos tempos, as pessoas ficarão desnorteadas, envolvidas em devassidão e bebedeira. Mas não as acompanhem; não percam suas raízes. Vocês devem orar incessantemente e estar sempre de cabeça erguida na presença do Filho do Homem. Confiem. Mantenham-se enraizados, conectados. Permaneçam em amor".

O medo nos instiga a nos agarrar a modos tradicionais e costumeiros de fazer as coisas. Ou então, ele pode ser muito intenso e nos colocar em um *looping*, fazendo-nos correr para lá e para cá desenfreadamente. Em nenhum dos dois casos experimentamos a alegria cristã a que Jesus se refere.

Alegria

O que é alegria? O que é, de fato, o verdadeiro êxtase?

Olhemos para Jesus por um instante. Não sei se ele era engraçado; imagino que não. Tampouco estou certo de que fosse feliz, mas a alegria o preenchia. A alegria de Jesus provém de sua intimidade com Deus; ela flui da comunhão com o Pai e brota da profunda ligação com ele. Jesus afirma: "Você pode me abandonar. Todo mundo pode esquecer quem sou. Mas o Pai jamais me deixará. O Pai é fiel e está comigo".

Procure atentar ao que Jesus está dizendo. Ele está se referindo a um firme senso de pertencimento, a uma escuta profunda. Obedecer significa escutar com o corpo todo. A palavra latina para "obediência", *obaudire*, corresponde a "escuta atenta". Jesus é obediente por excelência, pois está sempre escutando o Pai, sempre conectado à fonte da qual se originou. Jesus nunca se ressente da solidão. As pessoas podem traí-lo, pregá-lo na cruz, cuspir em seu rosto, submetê-lo a flagelos, mas nada disso o faz desvincular-se de Deus. Esse vínculo não se rompe nem mesmo quando o próprio Jesus já não se sente mais ligado ao Pai. Quando Jesus diz: "Meu Deus, meu Deus, por que me abandonaste?", ele não sente a presença de Deus, mas sabe que ela o acompanha. Jesus declara: "Meu Pai nunca me deixa só", e é nisso que a alegria está ancorada. A alegria está firmada nesse vínculo.

Jesus consegue se mover mesmo nas circunstâncias mais difíceis, não só física e emocionalmente, mas também em termos espirituais. Ele é capaz de explorar novos jeitos de amar porque está enraizado em Deus. Jesus rompe regras sistemáticas quando, por estarem enrijecidas, elas deixam de servir ao Senhor. Jesus condena os fariseus justamente por se prenderem a regras.

Jesus também adverte quanto à vida desgarrada. Ele orienta: "Permaneçam em mim como eu permaneço em vocês. Eu os amo com o mesmo amor que o Pai os ama". Jesus está falando do vínculo interno que produz vida; esse vínculo permite que ele saia dos lugares de morte e siga na direção da vida. A experiência de alegria oferecida por Jesus não é o mesmo que felicidade ou alto astral. É outra coisa. A alegria de Jesus nunca está desassociada do sofrimento.

Este mundo é bem esquisito. Ele divide nossas experiências pesarosas e alegres em dois estados emocionais distintos: tristeza e felicidade. Costuma-se dizer: "Há muito sofrimento no mundo, então precisamos de ocasiões felizes para conseguir sobreviver". É como anuncia o termo *happy hour*, ou hora feliz: "Vamos desfrutar de um breve momento feliz para esquecer nossas dores". O mundo apregoa: "A vida é feita basicamente de tristeza, depressão e sofrimento; por isso, é preciso criar pequenas ilhas de felicidade". E muitos bens de consumo têm a ver com essa realidade. As empresas criam bugigangas para nos fazer felizes por um pouco de tempo. Porém, Jesus não se referia à felicidade momentânea ao falar sobre a alegria.

A alegria tampouco consiste em um tipo de meio-termo oportuno entre a conduta errática e a conduta sistemática. Nada disso. A alegria não é uma folga momentânea em meio à dureza da vida, nem uma oportunidade de escapar dos problemas do mundo. A alegria oferecida por Jesus é de ordem espiritual, não algo meramente emocional ou físico. Trata-se de um dom espiritual: o dom da alegria.

Esse dom está disponível mesmo quando atravessamos a angústia e a dor, mesmo quando a vida está difícil. A alegria oferecida por Jesus se manifesta em situações muito, muito adversas. Ao observar cruamente a vida de algumas pessoas que conheci, pensei: "Criatura do céu, como você consegue viver em meio a toda essa tormenta, toda essa aflição?" Ainda assim, elas experimentam esse tipo de alegria que não depende do modo como as coisas se desdobram com o passar do tempo. Há algo mais profundo. Há um vínculo firme.

Devemos começar a observar que, na vida espiritual, alegrar-se é abraçar sofrimento e felicidade, dor e deleite. Trata-se de uma experiência mais profunda, que nos preenche por inteiro. É mais do que isso. É algo que permanece conosco. É divino, é forte e pode ser vivenciado mesmo quando temos que lidar com coisas absurdamente dolorosas. Se há alguma coisa possível de se aprender na igreja é que podemos contar sempre com a alegria de Deus – na enfermidade, na saúde, no sucesso, no fracasso, nos nascimentos e nos sepultamentos. Ela nunca nos deixará.

Podemos ter um vislumbre dessa alegria, por exemplo, quando falamos com pessoas que lidam com moribundos e percebemos que elas conseguem se alegrar muito. Quem atende pacientes em cuidados paliativos ou trabalha em lares de idosos depara com a morte quase todo dia e, mesmo imerso em situações consideradas "tristes", costuma ser uma pessoa alegre. Notamos que a alegria existente no coração desses profissionais é de outra natureza que não o sucesso ou o fracasso, o nascer ou o morrer. Há quem trabalhe com gente paupérrima e, ao viajar para os Estados Unidos ou outro lugar onde exista riqueza abundante, mal consegue esperar para estar de volta entre os pobres. Por que isso acontece? Não é que essas pessoas gostem da miséria, elas apenas aprenderam a viver em um estado de alegria do qual a convivência com a pobreza jamais lhes privará. Na verdade, o sofrimento as coloca em contato com a alegria que carregam consigo, uma alegria muito mais intensa do que qualquer coisa material que usamos para substituir a real felicidade.

Devemos perceber que, na vida espiritual, acontece algo muito diferente do que aquilo que o mundo ensina. Somos rodeados de vozes que tentam nos convencer a buscar o sucesso tal como o mundo o define, mas Jesus está dizendo: "Venha comigo para onde estão os pobres e os abatidos, e ali você será tomado de alegria. Felizes são os pobres, os que choram, os que são perseguidos. O contentamento pertence aos pobres, aos que fomentam a paz e aos que sofrem ameaças". Isso faz tudo parecer invertido, porque, sob a perspectiva de Deus, a alegria se esconde bem no meio da dor.

É justamente no cerne do sofrimento humano que a alegria está oculta. Podemos ousar olhar para Jesus na cruz, acompanhar sua execução e dizer: "Na cruz está a minha alegria". Podemos nos referir à cruz como sinal de esperança porque sabemos que, quanto mais nos aproximarmos dela, mais perto estaremos da nova vida. De algum modo, a angústia que experimentamos é como a dor de parto. Sentimos que há uma nova vida prestes a vir à luz. A agonia, a dor e o sofrimento que você e eu experimentamos são como o trabalho de parto de algo completamente inédito.

É assumindo com mais inteireza e profundidade a realidade da nossa existência dolorosa que podemos alcançar a alegria que quer saltar em nós, assim como fez aquele bebê alegre no ventre de Isabel. Não que Isabel não estivesse aflita, mas ela sabia que a alegria em seu interior tinha origem nessa aflição. O mistério da vida é que Jesus veio sofrer conosco a fim de que possamos nos alegrar. Ele não veio para que deixemos de ser atribulados, mas para que experimentemos a vida eterna, ou seja, aquela alegria definitiva que vem de Deus e já está presente neste mundo, exatamente aqui e agora.

Enfrentar as circunstâncias penosas que nos acometem possibilita que descubramos o tesouro oculto na dor: uma alegria disponível a nós agora mesmo.

É muito importante que vivenciemos isso. Esse é o sentido da vida espiritual, da vida com Deus. O contato com o amor divino gera alegria em nós. Uma vez que reconhecemos essa realidade em nosso interior, entramos em contato com a densa correnteza que flui sob nossos momentos bons e ruins. Abaixo da superfície acidentada, há um fluxo intenso, forte e divino chamado alegria. O amor de Deus, que nos alcança e nos orienta, está sempre disponível; podemos confiar nisso. Ninguém é capaz de nos privar desse amor. Todos os grandes santos que nos precederam e todas as pessoas que passaram pelo sofrimento confirmam essa verdade. Nosso lar é esse lugar interior, o lugar de Deus, o lugar onde o mundo não pode nos afetar. Nele estamos em segurança. Jesus declara: "Vocês não pertencem ao mundo. Vocês pertencem a Deus. Pertencem a mim, ao Pai e ao Espírito. Vocês são chamados a viver no mundo sem fazer parte dele".

Como viver em alegria?

Há uma palavra muito importante sobre a qual devemos discutir: "celebração".

Em primeiro lugar, devo dizer que celebrar é fazer da alegria nossa fonte de vida. Somos chamados à celebração, convocados a nos regozijar colocando a alegria em prática.

Devemos aprender a celebrar a vida. Não se trata de oferecer uma festa, mas de estar sempre consciente de que todo momento é especial, todo instante deve ser aplaudido e reconhecido como uma bênção do céu. Quando estive com Jean Vanier e aquelas pessoas com deficiência intelectual, eu os vi fazer isso o tempo todo. A igreja nos convida a celebrar: há o Natal, a Epifania do Senhor, a Páscoa, a Quaresma, o Pentecostes, o Jubileu. Celebramos nascimentos e aniversários, o Dia de Ação de Graças, as datas memoriais. A celebração nos caracteriza.

Mas celebrar é mais do que isso; precisamos ir além. Celebrar significa exaltar o momento e dizer: "Esta ocasião é obra de Deus". Celebrar é honrar o hoje e declarar: "Este é o dia que o Senhor fez". E devemos agir assim não apenas no Dia de Ação de Graças, mas também na segunda-feira pela manhã. Sejamos alegres e gratos. Celebremos! Quando nos dispomos a celebrar a vida, e não somente as ocasiões especiais, notamos que temos muito a agradecer. Percebemos que algo está acontecendo, está passando por nós, e somos impelidos a nos alegrar.

Deixe-me contar mais uma história.

Como já mencionei, morei com pessoas muito pobres quando vivi no Peru. Elas não tinham nada. Eu dormia na laje da casa, pois não havia um quarto para mim, então simplesmente colocaram uma cama lá em cima. Nunca chove. As nuvens sempre estão lá, mas nada de chuva. Depois de muitos meses morando com eles, um dia cheguei e lhes disse: "Vou embora na próxima semana". Eles não deram a mínima importância porque eu ainda estava ali. Aquilo não os afetou. Por fim, numa manhã de sábado, comuniquei: "Saio daqui a uma hora". Ao verem minha mala pronta, perceberam que eu falava a sério. Como tínhamos muito amor uns pelos outros, Sofía (a mãe) deu algum dinheiro ao pequeno Juan, que disparou na direção de uma loja. Era quase meio-dia, e meu ônibus sairia em trinta minutos, então comecei a ficar aflito. Mas logo Juan voltou com uma garrafa grande de Coca-Cola e dois biscoitos, dizendo: "Vamos festejar." O menino encheu o único copo que tinham e o passou de mão em mão para que cada um tomasse um gole. Depois, partiu os biscoitos em pedacinhos e os distribuiu. Pablito, de 13 anos, sugeriu: "Que tal botar uma música?" Arrumaram não sei onde um toca-discos velho e estridente, e o rapazote anunciou: "Chegou a música", colocando o aparelho para funcionar. Em seguida, convidou: "Vamos dançar!" Era meio-dia em ponto; eu só tinha quinze minutos e estava ali, no meio da festa. Um pouco de Coca-Cola, um pouco de biscoito e uns passos de dança. Eles riam à solta e se despediam de mim. Então, pegaram minha mala e foram todos comigo até a estação de ônibus. Houve um longo adeus, e me dei conta de que tínhamos acabado de celebrar a Eucaristia.

Aquelas pessoas tinham o dom de me fazer experimentar a alegria! Eu vivenciara a pobreza delas, seus problemas, as questões relacionadas ao seu sistema de saúde; tudo era muito real, e eles de fato precisavam de bastante auxílio, mas, no meio daquela realidade, permaneciam alegres.

Celebrar não tem a ver apenas com bons momentos. A alegria extasiante abarca toda a vida e não se constrange com situações dolorosas, com despedidas ou mesmo com a morte. De fato, a morte é celebrada não porque a desejamos, mas porque ela não tem o veredito sobre a nossa vida. E não há morte que não produza frutos.

Podemos celebrar a dor não porque ela seja boa, mas porque nos motiva a orar e a partir o pão juntos. As adversidades podem ser exaltadas, e isso acontece quando temos o coração grato.

A celebração expressa gratidão. A morte não tem a palavra final. A aflição, o sofrimento, as lutas, a guerra, nada disso é soberano. Deus é o Senhor da vida.

"Vocês terão vida, e vida em abundância."

Para quem tem alguma deficiência de qualquer natureza, a vida pode ser dura. Contudo, Jean Vanier e as pessoas a quem ele serve sempre têm o que celebrar. Vivem em casas cheias de velas, decorações, flores e música. Não há um dia sequer que não seja exaltado em gratidão ao Doador da Vida.

Quanto mais celebramos, mais percebemos que estamos em comunhão. Celebrar é criar comunidade, o primeiro sinal do Reino proclamado entre nós. Celebração é o modo pelo qual a fé no Deus da Vida é colocada em prática, haja sorrisos ou lágrimas. Ao celebrar, revelamos a profunda correnteza subjacente a nossos altos e baixos.

Jesus nos recompensa com alegria agora mesmo, não apenas no porvir; não somente nos momentos felizes, mas também na nossa aflição. A alegria se esconde em nosso sofrimento e se revela na vida partilhada.

Há outro aspecto do discipulado de Jesus que pode ser um tanto complexo à primeira vista. Seguir Jesus não significa seguir a figura histórica que viveu há dois mil anos. Entre nós, há quem diga: "Eu gostaria de ter vivido naquela época. É uma pena que tenha sido há dois milênios e eu tenha que imaginar quem era Jesus. Preciso fantasiar acerca desse homem que nunca conheci e que viveu há tanto tempo. Vou recorrer à minha mente para seguir a esse Jesus de Nazaré. Vou tentar fazer como ele instruiu no passado, aplicando suas orientações ao nosso tempo presente".

Mas seguir Jesus consiste em muito mais que agir segundo o que lembramos de alguém. É mais que seguir uma pessoa imaginária, idealizada, evocada em nossos devaneios. Seguir Jesus é seguir o Senhor Ressurreto. Seguir Jesus significa seguir o Senhor da história, aquele que está conosco aqui e agora, neste exato momento. Não se trata de uma recordação sentimental nem de um sentimento piedoso acerca de alguém que mal conhecemos. Não. Consiste em sermos guiados por aquele que está conosco no tempo presente, no lugar onde estamos. Consiste em sermos conduzidos por quem de fato habita entre nós como o Senhor que se levantou dos mortos e se tornou aquele que acolhe a todos, em todo tempo, e, por isso, é o Senhor do agora, do hoje, do aqui.

É muito importante entender essa distinção.

Tenho em casa um ícone que encontrei em Jerusalém e foi produzido por Andrei Rublev. É uma imagem do Senhor Ressurreto. Não me refiro apenas a Jesus nazareno, mas ao Deus que ressuscitou. O Senhor que se fez carne, que viveu entre nós em Nazaré, em Belém, em Jerusalém, mas foi levado ao céu e recebeu um nome que está sobre todo nome, a fim de que diante dele todo joelho se dobre e todos o exaltem como Senhor. Esse ícone se tornou a peça principal da minha pequena capela doméstica.

Perceba que aquele a quem somos chamados a seguir é o Senhor da história, o Senhor Ressurreto, o Acesso ao Paraíso, a Porta para a Vida Eterna, o Caminho, a Verdade e a Vida, o único Filho de Deus, cheio de majestade e glória, o Doador da vida abundante, nosso Senhor, que sempre nos traz para perto do mistério do Deus da vida. Ele não é um amigo acolhedor com quem batemos papo. Isso não é vida espiritual. Ele é o Senhor que nos chama à comunhão com Deus.

Se você reparar no olhar desse ícone a que me referi, vai perceber que ele é bem austero. Mas, por atrás desses olhos, está a eternidade do amor de Deus. Não se trata de um Jesus que lhe faz companhia até o local para onde você está indo. É alguém que o conduz à vida eterna. Ao orar ao Senhor da história e ao segui-lo, você será levado até o mistério do eterno amor de Deus. Ao orar com essa imagem, você descobrirá que ela mostra um Senhor austero porque ele é o juiz supremo, mas também é gentil, é o Deus compassivo. Ele é o Senhor cheio de amor, que sempre chama você à comunhão cada vez mais profunda com Deus.

Seguir Jesus é adentrar cada vez mais o íntimo mistério divino. Deus se tornou carne para que possamos ser conduzidos por meio dele, nele e com ele, na glória de Deus Pai, em comunhão com o Espírito. O ícone do Senhor Ressurreto é um lembrete da grande vocação que todos temos: a vocação para nos aproximarmos cada vez mais desse grande mistério.

Senhor Jesus,

Em meio às demandas do trabalho e às muitas preocupações da vida, quero fixar meus olhos em ti. Tu és o Senhor que me chama para teu Reino, o Senhor que me chama a descansar em ti, o Senhor que me chama à conversão, à nova vida e à nova esperança. Sou grato, Senhor, porque Tu me chamaste aqui. Ajuda-me a ser renovado de maneira tal que eu sirva de instrumento para que muitos sejam curados e encontrem novidade de vida.

Amém!

6

A promessa: "Eis que estou convosco, todos os dias, até o fim do mundo"

No entanto, eu vos digo a verdade: convém a vós que eu vá. Pois, se eu não for, o Paráclito não virá a vós. Mas, se eu for, eu o enviarei a vós. [...] Eu pedirei ao Pai, e ele vos dará outro Paráclito, que estará convosco para sempre. Ele é o Espírito da verdade, que o mundo não pode receber porque não o vê nem o conhece. Vós o conheceis porque permanece convosco e está em vós (Jo 16,7; 14,16-17).

Então Jesus se aproximou e lhes disse: "Toda autoridade me foi

> *dada no céu e na terra. Ide, pois, fazei discípulos meus todos os povos, batizando-os em nome do Pai e do Filho e do Espírito Santo, ensinando-os a observar tudo quanto vos mandei. Eis que estou convosco, todos os dias, até o fim do mundo (Mt 28,18-20).*

A primeira vez que o Senhor revela o nome de Deus é quando Deus fala a Moisés na sarça ardente. Deus diz: "Eu sou o Deus de teu pai, o Deus de Abraão, o Deus de Isaac, o Deus de Jacó" (Ex 3,6). Isso quer dizer que, ao se revelar ao seu povo, Deus se revela como aquele que lhe faz companhia, pois "eu sou" corresponde a "eu estou com você". Significa "Eu sou o Deus fiel, que caminha contigo", "Eu sou o Deus que vai até você e permanece ao seu lado. Eu estou com você, sou fiel a você".

As palavras "eu sou" significam "aquele que acompanha você", "aquele que não o deixará sozinho", "aquele que atravessará o deserto com você e o ajudará a encontrar vida nova". Deus diz: "Eu sou seu companheiro, seu parceiro de viagem, o Deus que tanto lhe quer bem e estará sempre com você. Serei uma tocha durante a noite para que você encontre o caminho. Serei uma nuvem durante o dia para que você alcance a terra prometida. Sou o seu Deus, que nunca o abandonará, que lhe fará companhia para que você não se perca".

Um dos aspectos mais bonitos da fé cristã é o fato de que Jesus surge como Emanuel, Deus-conosco. Em Jesus, percebemos como Deus leva a sério sua promessa de nos fazer companhia constante. Em Jesus, a fidelidade de Deus se torna ainda mais visível, pois nele Deus se fez carne e habitou entre nós. Deus ergueu sua tenda entre nós, viveu em nosso meio. Ele nunca quis se manter longe de nós. Deus quis ser um de nós.

Deus-conosco. Emanuel.

Assim, Jesus revela um Deus que deseja estar mais perto de seu povo do que esse povo pode imaginar. A grande boa notícia do Evangelho é precisamente o fato de Deus querer estar conosco e partilhar das nossas lutas, caminhar em nossa trilha, sofrer nossa dor e morrer nossa morte para que possamos dizer: "Não há nenhuma experiência humana que não seja dividida com Deus". Essa é a grande boa notícia. Deus está conosco em todos os aspectos da vida.

Há ainda um outro mistério que raramente apreendemos por completo; por vezes, sequer pensamos nele: Jesus não é a última palavra. Existe algo para além disso. Existe um jeito melhor de ele nos fazer companhia. Jesus diz: "convém a vós que eu vá. Pois, se eu não for, o Paráclito não virá a vós. Mas, se eu for, eu o enviarei a vós" (Jo 16,7). Aqui Jesus revela que Deus deseja estar conosco de um modo tão íntimo e pessoal a ponto de afirmarmos que Deus habita em nós, que ele ocupa nosso interior. Deus-conosco é o Deus que nos acompanha nas viagens do Antigo Testamento e aquele que partilha do nosso sofrimento. Deus também é aquele que está no sopro de nossas narinas: nós respiramos seu Espírito.

Que maior comunhão pode haver senão partilhar do mesmo fôlego? A respiração é algo tão inerente a nós que sequer nos damos conta dela. Ninguém diz: "Estou respirando bem hoje", pois respirar é um pressuposto nosso; somos o ar que respiramos. E foi esse o grau de intimidade que Deus escolheu ter conosco. Ele quis se tornar nosso fôlego. O termo "espírito", ou *pneuma* no grego, quer dizer "sopro".

Jesus afirma: "É bom para vocês que eu vá, pois assim poderei soprar em vocês o meu fôlego, e vocês poderão tomar para dentro de si a minha vida". Começamos a entender o que Jesus quer dizer ao declarar: "Estarei com vocês até o fim dos tempos". Ele está afirmando: "Estarei tão intimamente ligado a vocês que seremos um só. Vocês poderão respirar o meu fôlego e dizer: 'Já não sou eu que vivo, é Cristo que vive em mim'" (cf. Gl 2,20).

Você e eu somos chamados a ser novos Cristos, a manifestar Deus neste mundo. Deus habita em nós de modo tão íntimo que de fato estamos nos tornando manifestações da glória divina aqui na terra. Esse é o grande mistério. Essa é a grande promessa. A promessa do Espírito.

Como responder à promessa?

Diante da promessa de Jesus – "Estarei sempre com vocês" –, devemos refletir sobre o que essa presença realmente significa e como ela nos afeta. Quero dizer três coisas quanto a isso. Primeiro, quero me referir à presença de Deus na ausência. Segundo, quero falar da presença de Deus que gera em nós um desejo pelo futuro e nos faz seguir adiante. Por fim, quero tratar da presença que podemos colocar em prática em nossa vida cotidiana.

A presença revelada na ausência

As pessoas podem se aproximar de nós sem que estejam presentes, mas, sim, ausentes. A aproximação mútua não ocorre apenas quando chegamos perto uns dos outros, mas também quando nos afastamos. Tornamo-nos mais íntimos quando estabelecemos uma relação marcada por partidas e retornos constantes.

Quero que experimentemos isso por um momento, pois assim podemos entrar em contato com o mistério da vida espiritual.

Permita-me apresentar alguns exemplos.

Quando você deixa de morar com pai e mãe, é somente depois de realmente sair de casa e se afastar de sua família de origem que você consegue enxergá-los de um modo novo e desfrutar de uma nova intimidade com eles.

Eu mesmo vivenciei isso. Cresci na Holanda e, ao me mudar para os Estados Unidos, tive que deixar meus pais; contudo, aquela ausência fez com que eu me relacionasse com eles de um jeito diferente. Tanto eles quanto eu sentimos uma nova conexão, um novo tipo de comunhão. Era como se eu não pudesse vê-los enquanto morava com eles e precisasse de alguma distância para reconhecer quanto me amavam. Somente estando longe, pude perceber, com clareza e profundidade, o amor que nutriam por mim.

Quando estava na cozinha ou na sala de casa com eles, tudo parecia tão comum. Mas, no momento em que dei um passo para fora, vi e senti algo que jamais me ocorrera antes. Minha relação com eles se aprofundou por meio da ausência.

Deixe-me dar outro exemplo.

Ao visitar alguém, podemos ter uma conversa trivial com essa pessoa, mas o interessante é que, não raro, a lembrança dessa visita é tão vívida quanto o evento em si. Se a pessoa estava doente, poderá dizer: "Estive doente, e ele me visitou". Na ausência daquele que veio nos visitar, podemos sentir gratidão e amor não experimentados enquanto estivemos juntos. Por esse motivo, é importante visitarmos uns aos outros, não porque a visita oportuniza muitas coisas, mas porque distanciar pode ser tão relevante quanto estar juntos. Ao visitar um amigo doente, podemos dizer: "Só posso ficar aqui por uma ou duas horas no máximo. Tenho outros afazeres. Mas é bom para você que eu vá embora, porque, quando eu estiver longe, talvez você perceba que foi beneficiado por essa visita. Posso deixar parte do meu espírito com você para que saiba que, embora distante, seguirei enviando minhas estimas". Muitos de nós já experimentamos isto: a pessoa sai da nossa presença, e então nos damos conta de quanto somos amados por ela. Talvez não sejamos capazes de expressar isso diante de tal pessoa, mas a experiência de fato ocorre. Nós sentimos a presença da pessoa em sua ausência.

Vejamos outro caso: a escrita de mensagens.

Você não acha que, por meio da escrita, conseguimos dizer coisa que jamais diríamos pessoalmente? Precisamos de alguma ausência para levar o pensamento até o destinatário e, só depois disso, paramos para escrever: "Eu te amo. Você significa muito para mim. Tenho enorme carinho por você". Não seríamos capazes de expressar isso na presença da pessoa porque parece soar um tanto embaraçoso, difícil ou objetivo demais. Mas, a certa distância, podemos escrever: "Estou pensando em você. Sou imensamente grato porque pudemos nos conhecer. Quero que saiba que tenho você em alta conta". Notamos que, enquanto escrevemos, cresce em nós um senso de intimidade. Em nosso coração, sentimos que pessoa que não está por perto se torna mais íntima de nós e experimentamos comunhão com ela, como se o espírito dela habitasse nosso interior. Existe um novo grau de conexão que só é possível na ausência, na distância, e dele nasce o desejo de encontrar a pessoa novamente. Sem ausência, esse desejo pode não ser tão intenso.

Talvez o exemplo mais significativo de presença na ausência seja a nossa própria morte ou a daqueles que amamos. Acredito que nosso amor por entes queridos aumenta depois que eles morrem. Em vida, só os conhecemos parcialmente, mas, com a morte, e por causa de nossa fé, esse conhecimento ganha novos contornos.

De alguma forma, devemos ousar dizer: "Irmão, irmã, é bom para você que eu vá, que a morte me leve, pois assim você me conhecerá de um jeito diferente. Quando eu morrer, estarei contigo de uma maneira nova". Estou certo de que muitos de vocês já perderam o pai, a mãe, um amigo ou um filho, por exemplo. Alguns talvez reconheçam que desenvolveram um novo tipo de intimidade com esse falecido. A memória dessa pessoa se torna uma presença real e ativa em nossa vida.

Podemos vir a descobrir que nossos queridos que já se foram ocupam agora um espaço em nosso coração e dali nos sustentam. Eles continuam nos mostrando a direção e sendo parte de nossa vida. Esse é um mistério incrível, e Jesus o revela plenamente a nós ao declarar: "convém a vós que eu vá. Pois, se eu não for, o Paráclito não virá a vós. Mas, se eu for, eu o enviarei a vós" (Jo 16,7).

O significado da palavra "verdade" não é doutrina nem dogma, mas um relacionamento de absoluto compromisso. "Dou a vocês intimidade. Meu Espírito os conduzirá a um absoluto compromisso com Deus, e somente com a minha partida isso será possível." A morte de Jesus nos beneficia, pois favorece que o Espírito nos conduza ao mais alto grau de comunhão com Deus.

A partida de Jesus foi providencial; nem mesmo seus discípulos puderam entendê-lo enquanto estava vivo. Eles não compreendiam as palavras de Jesus. Até o último dia, até a morte de Cristo, eles escaparam à realidade. Duvidaram inclusive no Monte das Oliveiras, local da ascensão de Jesus, onde perguntaram: "Ora, não era você quem restituiria o poder a Israel? Não era você quem expulsaria os romanos? Não era você quem daria um jeito nesta situação política?" Eles não entenderam.

Os discípulos não entenderam quando Jesus declarou: "Este é meu corpo. Este é meu sangue". Eles não compreenderam quando ele afirmou: "Sou a vida, a ressurreição. Sou a Porta de entrada. Sou a Verdade". Havia indícios, mas os discípulos insistiram em adequá-los a suas mentes limitadas.

Contudo, Jesus repetia: "Estou lhes dizendo isso agora para que, mais tarde, vocês entendam. Estou contando essas coisas para que, quando eu partir, vocês saibam a que me refiro. Vocês saberão, pois enviarei meu Espírito, e ele revelará a vocês tudo o que lhes ensinei. Tudo o que aprendi com o meu Pai, o Espírito lhes mostrará".

É muito importante observar que Jesus precisava partir para que entendêssemos quem ele realmente é. Embora os discípulos estivessem confusos, Jesus lhes disse: "Não saiam daqui. Não se lancem a nenhuma atividade. Apenas esperem até que Espírito venha".

Quando o Espírito veio, tudo mudou porque os discípulos viram e entenderam. Eles perceberam que haviam participado de algo especial. De repente, puderam experimentar a vida interior, uma vida em Cristo. Tinham até mesmo viajado com Jesus, mas, antes da descida do Espírito, não podiam viajar em Jesus. Antes da morte do Senhor, eles não podiam afirmar: "Não sou eu que vivo, é Cristo que vive em mim".

Os discípulos só foram capazes de fazer tal afirmação quando o sopro de Cristo, o Espírito de Cristo, veio sobre eles. Aí, sim, puderam declarar: "Não sou eu que vivo, é Cristo que vive em mim". Eles se tornaram novos Cristos, manifestações da presença viva de Deus.

Assim que os discípulos se deram conta de que carregavam em si a vida de Cristo, todas as barreiras vieram abaixo e eles se espalharam pelo mundo. O maravilhoso mistério do Espírito Santo é que Cristo é Cristo conosco através dos tempos. Cristo é Cristo em nós da maneira mais íntima possível. Podemos dizer que é Deus-conosco e também Cristo conosco, aquele que nos envia ao mundo, a todos os povos e nações.

Não temos de nos limitar a um país ou outro porque, permeados do Espírito de Cristo, todos os lugares são nossos. Todo o mundo está ao nosso alcance porque já estamos em casa. Já estamos em Deus. Já estamos em comunhão e não temos de limitar isso a nenhuma família, país ou circunstância.

É difícil expressar bem isso tudo, mas espero que esteja fazendo sentido para você. Esse é o grande mistério. Podemos desfrutar de uma vida espiritual em que o Espírito de Cristo habite em nós. Podemos ter uma vida na qual o Espírito nos liberta das limitações para que, aonde quer que sejamos enviados, nos sintamos em casa.

E isso acontece na ausência de Jesus, que diz: "Até a minha volta, eu os enviarei" (cf. Jo 21,20-23).

A presença que revela o futuro

"O Espírito [...] vos anunciará as coisas futuras" (Jo 16,13).

Para nós, o futuro costuma ser fonte de ansiedade e medo. Temos todo tipo de preocupação: "E se meu filho adoecer? E se eu perder o emprego? E se meu cônjuge me abandonar? E se a guerra estourar?" Nosso medo nos afasta do tempo presente e extingue de nós o Espírito.

Quando acreditamos que Deus está sempre conosco por meio do Espírito, deixamos o futuro emergir do presente. Quando de fato cremos que Deus nos faz companhia e que seu Espírito sopra em nós, não temos por que nos preocupar com o porvir, com o que virá depois do agora. Podemos confiar que, se vivermos na plenitude do Espírito, o futuro será mero desdobramento do presente à medida que seguirmos adiante.

Uma das maiores tentações é viver à frente de nosso tempo e ignorar que algo já está acontecendo aqui e agora. O mundo nos faz crer que a vida de verdade está para acontecer na semana que vem, no mês que vem, no ano que vem. Como cristãos, somos desafiados a crer que os acontecimentos são parte do aqui, do agora, deste momento. Se vivermos plenamente o presente, o futuro é certo e se revelará a nós porque já recebemos o Espírito. Já recebemos o princípio da vida eterna. Já estamos na Casa de Deus, respirando do fôlego de Deus. Que nós consigamos apenas permanecer e ouvir atentamente!

No Evangelho há uma palavra formidável: "paciência". Nele, ter paciência significa estar por inteiro, vivenciar o momento em todos os sentidos, confiando que só uma coisa é necessária: permanecer onde se está. A pessoa impaciente diz o tempo todo: "Este lugar não é legal. Quero sair daqui", "Não faz sentido estar aqui", "Não há nada para mim nesta situação; quero aquela outra", "Amanhã, no ano que vem, depois, quando eu ficar mais velho, quando eu começar a trabalhar, quando eu for rico".

Estamos sempre mirando algo adiante. Cursamos o Ensino Fundamental para ir para o Ensino Médio. Cursamos o Ensino Médio para ir para a faculdade. Cursamos a faculdade para conseguir o ganha-pão. Exercemos o ganha-pão até conquistar o melhor cargo. Exercemos o melhor cargo até a aposentadoria... A vida de verdade parece estar sempre além. Muitos de nós vivemos pelo futuro e, assim, deixamos de experimentar o fato de que o Espírito de Deus está conosco agora, aqui, neste momento.

Jesus orienta: "Sejam pacientes". Ser paciente significa permanecer no instante atual e vivenciá-lo ao máximo para que as sementes nele lançadas possam germinar, crescer e nos conduzir ao futuro. O futuro está escondido no presente como uma semente em solo fértil. Ao nutrir e cultivar o solo em que estamos, entramos em contato com a promessa.

Não seja impaciente. Não puxe a semente para fora para ver se ela está brotando. Se fizer isso, ela não brotará. Confie que recebeu uma promessa e que ela está oculta no solo onde você pisa. Ela se tornará uma árvore frondosa contanto que você dê tempo a isso. Ela lhe revelará o futuro e crescerá bem aí onde você está. Confie que essa é a obra do Espírito.

A boa notícia é que o momento presente não é em vão, mas pleno de significado. Na plenitude dos tempos, Deus veio a nós. O tempo no qual vivemos ganhou total sentido porque o Espírito nos foi enviado, porque o Senhor está conosco, e isso é o que sempre almejamos – viver com o Senhor, viver com Deus. Se esse é o nosso maior desejo, por que então não nos contentamos com o fato de Deus ter enviado a nós seu Espírito e incutido em nós seu fôlego? Eu lhe pergunto: você consegue estar por inteiro no momento presente, bem aí no lugar onde está respirando agora?

É preciso aprender a viver plenamente o instante, pois Deus é sempre o Deus do aqui e do agora. O dia de hoje é dia do Senhor. Se existe algo espiritualmente legítimo acontecendo no mundo, isso está acontecendo neste momento, enquanto você permanece, enquanto ora – sempre no instante presente. O grande segredo da vida espiritual é prestar atenção ao sopro do Espírito no lugar onde você está e confiar que esse sopro sempre inspirará vida nova. O Espírito se revelará a você à medida que você prosseguir. Essa é a beleza da vida espiritual. Você pode estar onde está, não precisa estar em nenhum outro lugar. Você pode presenciar o momento e confiar que, mesmo em meio à dor e às lutas, Deus está fazendo algo em você, algo que ele quer lhe revelar.

Permaneça.

Silencie.

Ouça.

A presença na prática

Como praticar a presença de Deus? Por meio da oração e do serviço.

Oração

Orar é entrar na presença de Deus aqui e agora. A oração é o caminho no qual nos colocamos no momento presente e ouvimos a voz de Deus, que está em nós. Deus está sempre onde estamos e nos fará companhia até o fim dos tempos. Precisamos permanecer e ouvir atentamente. A oração é uma disciplina de atenção, de se manter presente.

Desejo muito que você pratique a oração como ato de estar na presença de Deus. Não há necessidade de muitas palavras nem de reflexões profundas. Não é necessário se preocupar com o que pensar. Você pode se manter exatamente onde está e dizer: "Eu te amo. Eu te amo. Sei que Tu me amas; eu também te amo. Não tenho nada extremamente importante para dizer. Não tenho palavras profundas para falar, mas estou aqui; quero que estejas comigo e quero estar contigo". É simples assim. Orar não é complicado nem difícil. Se alguém lhe perguntar como você ora, apenas responda: "Eu me coloco diante do Senhor e digo: "Eis-me aqui"".

Se ocorrem distrações, isso significa que estamos sendo arrastados para o passado ou para o futuro. Começamos a pensar no que aconteceu ontem e no que vai acontecer amanhã. As distrações indicam que não estamos presentes por inteiro. Não há problema nisso. Tudo o que precisamos fazer é sorrir para nós mesmos e dizer: "Eu me distraí. Não estou aqui por inteiro. Não estou confiando plenamente. Ainda estou vagando por aí. Quero orar, mas ainda me pego pensando na pessoa que me tirou do sério ontem; eu gostaria de dizer a ela umas poucas e boas" ou "Amanhã, preciso ir trabalhar, mas também tenho que levar meu filho ao hospital e tenho que falar com meu chefe para tentar uma promoção". Somos exatamente assim. Não conseguimos ocupar apenas o instante presente; se conseguíssemos fazer isso, estaríamos no céu, mas não é o caso. A verdade é que estamos um pouco no passado e um pouco no futuro, ocupando todos os lugares ao mesmo tempo.

Mas, ainda assim, é muito importante dizer: "Quero passar mais tempo neste lugar porque sei que Tu, Senhor, estás aqui. Sei que me amas.

Sei que tudo o que preciso está neste lugar e, por isso, vou ficar aqui por um instante e agradecer a ti porque és fiel e teu nome é 'Eu sou'. Agradeço porque teu Filho, Jesus, veio ficar conosco. Agradeço porque o Espírito habita o mais profundo do meu ser e, ainda que eu não o sinta nem o experimente o tempo todo, eu sei que ele está em mim, assim como sei que estou respirando, mesmo sem me dar conta disso. Portanto, sei que Tu, ó Deus, estás comigo ainda que nem sempre eu note tua presença".

A oração é essa simples presença diante da qual temos de treinar ficar. Prometo a você que, se puser isso em prática, será plenamente recompensado. Deus não demora a revelar que está perto. Muitas das batalhas que você trava com o passado ou o futuro podem se tornar menos sofridas, pesadas ou sufocantes. Elas sempre vão existir – sempre haverá distrações e preocupações –, mas em você há um lugar que nenhuma delas alcança. Você é rodeado de medos e apreensões, mas, no centro de todo furacão, há um lugar tranquilo onde é possível dizer: "Eu te amo e Tu me amas aqui e agora. É bom estar em tua presença, Senhor; não preciso de mais nada".

Serviço

Servir é agir em prol do povo de Deus.

Às vezes, nós nos envolvemos em coisas grandiosas - vestir o nu, dar abrigo ao pobre, prestar socorro aos refugiados, visitar os doentes e os encarcerados –, mas tudo começa pequeno, com gestos miúdos: ser gentil com a família e os colegas de trabalho, falar com tranquilidade, mandar uma mensagem, enviar flores.

Esteja atento. Esteja atento. Esteja atento.

Quando oramos frequentemente e sabemos que Deus está em nós no instante presente, ficamos muito atentos aos outros porque estamos menos preocupados com as nossas próprias questões. Ficamos menos apreensivos com o que nos diz respeito e, assim, enxergamos melhor as outras pessoas. Vemos sua beleza, sua bondade, suas lutas. Notamos que elas não estão tentando nos prejudicar, apenas têm seus problemas para resolver. Tornamo-nos muito mais cordiais porque estamos na presença do Espírito. Percebemos que as pessoas também estão enfrentando suas questões.

Essa é uma das principais recompensas de seguir Jesus. De repente, o Espírito que está em você enxerga o Espírito que está no outro. Cristo em você enxerga Cristo nele. O coração de Deus em você percebe o coração de Deus nele. Espírito fala com Espírito, coração fala a coração, Cristo se dirige a Cristo. Nossos olhos não conseguem ver Cristo no mundo, mas Cristo em nós consegue. Não conseguimos ver Deus no mundo, mas Deus em nós consegue. Ter uma vida espiritual é reconhecer o Espírito no Espírito e pelo Espírito. É uma visão mútua entre Espírito e Espírito. É um louvor mútuo de Deus a Deus.

Começamos a notar a beleza oculta sob a violência, o ódio, a vingança, as ilusões e as expectativas humanas. Percebemos que as pessoas são de Deus e que o Espírito divino também sopra nelas e por meio delas. Notamos que os outros são fascinantes, que eles são belos e ressoam o amor de Deus. Vemos isso e nos alegramos. Podemos dizer: "É bom estar com você porque você me faz lembrar ainda mais do amor de Deus". Assim se forma uma comunidade, e a nova vida se torna real.

Não servimos desejosos de ter algo em troca nem motivados por um anseio desenfreado de salvar o mundo. Não agimos na condição de que a mudança ocorra. De jeito nenhum. É possível perceber aonde esse tipo de raciocínio pode levar. Se nossa única preocupação se resume em dizer "É melhor eu ajudar fulano ou fulana" ou em nos mobilizar para mudar uma pessoa, o mundo, o país, os políticos ou a realidade social – em outras palavras, se o serviço se justifica pela mudança –, em pouco tempo nos tornamos amargos. Mas, se o serviço expressa gratidão pelo amor que já recebemos, então estamos livres para nos comprometer com a mudança sem que isso seja feito à exaustão. O serviço é uma expressão do dom que temos em nós e queremos compartilhar com os outros.

Ou seja, o serviço é um ato de agradecimento. Estamos tão cheios da presença de Deus, tão conscientes de sua promessa, que não queremos atrapalhá-la. Na verdade, desejamos partilhá-la. Os discípulos saíram pelo mundo anunciando que Deus está conosco e que podemos desfrutar da presença dele agora mesmo. Ao se ocupar dos pobres, dos famintos, dos enfermos e dos moribundos, eles o fizeram como expressão de sua profunda fé na presença de Deus – "todas as vezes que fizestes isso a um desses meus irmãos menores, a mim o fizestes" (Mt 25,40).

Ao praticar estar na presença de Deus, você é atraído pelo pobre, pelas pessoas que atravessam dificuldades, pelos lugares ocupados por gente em sofrimento. Seu desejo é que essas pessoas percebam que Deus lhes faz companhia. Servir significa simplesmente testemunhar a nova vida que há em você mesmo.

O Espírito que habita seu ser vai levá-lo para junto daqueles que enfrentam tribulações e dor, pois ali você verá a presença de Deus. Desejamos estar com as pessoas e revelar a elas que Deus não as abandonou. Desejamos dizer ao mundo que algo maravilhoso está acontecendo e que o Espírito está disponível não apenas a nós, mas a todos. Desejamos fazer um apelo ao mundo, dizendo: "Confie que o Espírito de Deus está em você e viva de acordo com esse Espírito. Isso mudará tudo. Você terá mais energia do que imaginava. Você se achava incapaz, e é, mas existe algo para além da sua incapacidade e da sua miséria. Você tem um dom, deixe que ele floresça".

Toda pequena ação de sua parte é um ato de gratidão. Seja em uma causa humanitária, seja no auxílio a um vizinho, o serviço deve expressar agradecimento, independentemente da extensão de suas consequências, a despeito de envolver indivíduos, comunidades ou países inteiros.

O serviço precisa ser um ato de *eukharistia*, termo grego que remete a ação de graças, agradecimento.

Atos de serviço devem expressar o fato de que Deus veio a nós e habita em nós, que ele já soprou em nós seu fôlego e assim nos deu vida eterna. Já estamos em Deus. Em essência, já superamos a morte e o mal, portanto estamos livres para viver gratos, manifestando essa gratidão por meio do cuidado para com o próximo, o povo de Deus e todo o mundo. É muito libertador saber que a presença divina é praticada por atos de serviço motivados por corações gratos. Isso faz toda diferença. Viver é orar e servir. É desse modo que o Espírito revela Deus a nós. Oração e serviço são fundamentais para quem segue a Jesus.

Chegamos ao fim do que eu gostaria de compartilhar com você sobre seguir Jesus. Espero que minhas palavras sejam pequenas sementes plantadas em seu coração. Não se pergunte se vale a pena levar em consideração tudo o que eu disse, mas confie que as sementes foram escondidas no solo. Talvez na próxima semana ou no próximo ano, você diga: "Depois que li aquele livro, alguma coisa aconteceu e agora está vindo à tona". Confie. Pode ser uma ideia nova ou algo não muito específico num primeiro momento. Você deve acreditar que Deus o visitou por meio deste livro e que um dia você será capaz de afirmar: "Eu nunca tinha me dado conta, mas algo mudou dentro de mim e agora vejo os frutos disso". Talvez você ainda não saiba de que se trata, mas pode confiar, pois um dia lhe será revelado. Foi Deus quem prometeu.

Senhor querido,

Fala com ternura em meu silêncio.

Quando os altos ruídos à minha volta e os barulhos ensurdecedores que o medo faz soar dentro de mim estiverem me afastando de ti, ajuda-me a confiar que Tu ainda estás por perto, mesmo que eu não consiga ouvir-te. Dá-me ouvidos para ouvir tua voz singela dizendo: "Venha a mim, você que está sobrecarregado, e eu lhe darei descanso, pois sou manso e humilde de coração". Faça com que essa voz amável seja meu guia.

Amém!

EDITORA VOZES LTDA.
Rua Frei Luís, 100 – Centro – Cep 25689-900 – Petrópolis, RJ
Tel.: (24) 2233-9000 – E-mail: vendas@vozes.com.br